Bayern nach dem Krieg
Photographien 1945 – 1950

Veröffentlichungen
zur Bayerischen Geschichte und Kultur
Nr. 31/95
Herausgegeben vom
Haus der Bayerischen Geschichte

Bayern nach dem Krieg

Photographien 1945 – 1950

Herausgegeben von
Michael Henker
unter Mitarbeit von
Margot Hamm und Doris Kutschbach

Augsburg 1995

Die Deutsche Bibliothek – CIP-Einheitsaufnahme

Bayern nach dem Krieg : Photographien 1945 – 1950
/ [Haus der Bayerischen Geschichte, Augsburg].
Hrsg. von Michael Henker unter Mitarbeit von Margot Hamm
und Doris Kutschbach. – Augsburg : Haus der Bayerischen Geschichte, 1995
(Veröffentlichungen zur bayerischen Geschichte und Kultur ; Nr. 31)
ISBN 3-927233-42-0
NE: Henker, Michael [Hrsg.]; Haus der Bayerischen Geschichte <Augsburg>; GT

© 1995 Bayerische Staatskanzlei
Haus der Bayerischen Geschichte, Augsburg
Konzeption und Bildauswahl: Margot Hamm, Michael Henker, Doris Kutschbach
Textauswahl: Michael Henker
Redaktion und Gestaltung: Doris Kutschbach
Umschlagvorderseite: Ruinenabbruch, München, 1946
Umschlagrückseite: Amerikanische Soldaten am Friedensengel, München, 1946
Gesamtherstellung: Druckerei Joh. Walch GmbH & Co, Augsburg

Der Umwelt zuliebe
gedruckt auf chlorfrei gebleichtem Papier

ISBN 3-927233-42-0

Vorwort
7

Michael Henker
Bayern nach dem Krieg. Photographien 1945 – 1950
9

Die Photographien

Zerstörung und Wiederaufbau
12

Politik
40

Displaced Persons
66

Leben in Trümmern
100

Amerikaner
142

Sport
166

Kultur
182

Wirtschaft
246

Vorwort

Das Haus der Bayerischen Geschichte sammelt als Nebenergebnis der Ausstellungsvorbereitungen und Publikationstätigkeit Photos und ordnet diese zu einem sich ständig erweiternden Bildarchiv. Als uns vor mehreren Jahren ein umfangreicher Bestand an historischen Dokumentaraufnahmen aus den Jahren 1945 bis 1950 angeboten wurde, haben wir diesen gerne übernommen. Es handelte sich dabei um das Archiv der in München ansässigen Bildagentur ‚Bayerisches Pressebild'.

Zum erstenmal ist nunmehr eine Auswahl aus den ungefähr 90 000 Aufnahmen getroffen worden, die als Buch einem größeren Publikum zugänglich gemacht werden kann. Sie soll einladen zur Rückbesinnung auf eine Zeit, an die viele Betrachter noch eigene Erinnerungen besitzen und die sich aus dem Abstand als prägende Phase bayerischer Geschichte darstellt. Der Bildband erscheint zur Ausstellung ‚50 Jahre Freiheit, Friede, Recht. Bayern seit 1945', die das Haus der Bayerischen Geschichte von Mai bis September 1995 im Vestibül der Staatskanzlei in München zeigt.

Für die Sichtung des Bildbestandes, die Bild- und Textauswahl sowie die Gestaltung danke ich Herrn Dr. Michael Henker, Frau Dr. Margot Hamm und Frau Dr. Doris Kutschbach.

Prof. Dr. Claus Grimm
Direktor des Hauses der Bayerischen Geschichte

Bayern nach dem Krieg
Photographien 1945 – 1950

Michael Henker

Bayern nach dem Krieg bot kein einheitliches Bild! Zu unterschiedlich hatte der Kriegsverlauf bis zur Kapitulation am 8. Mai 1945 Regionen und Menschen in Mitleidenschaft gezogen. Gebieten – besonders den ländlichen Regionen Südbayerns –, die sowohl vom Bombenkrieg als auch von Bodenkämpfen völlig verschont geblieben waren, standen Städte wie Würzburg und Nürnberg, in etwas geringerem Maße auch Augsburg, München und viele andere gegenüber, die in Bombenangriffen fast völlig zerstört worden waren. Dazu kamen Gegenden wie das Donauries oder Mittelfranken, in denen erbitterte Kämpfe mit den vordringenden alliierten Truppen, die in Südbayern und Tirol eine starke ‚Alpenfestung' vermuteten, bis zum Ende April 1945 zu zahlreichen Toten, der Vernichtung von Straßen, Brücken und Eisenbahngeleisen und der Zerstörung von ganzen Ortschaften wie zum Beispiel Donauwörth führten.

Das Vordringen der Amerikaner von Norden und Osten sowie der Franzosen von Westen her drängte zudem zahlreiche deutsche Militärverbände und aus Nord-, West- und Mitteldeutschland geflohene Behörden – unter ihnen zum Beispiel der ‚Volksgerichtshof' – in Bayern zusammen, das schon seit dem Beginn des Bombenkriegs eine stetig wachsende Zahl von Ausgebombten aufgenommen hatte. Ein besonders tragisches Geschehen stellten die brutalen ‚Todesmärsche' von Tausenden von KZ-Häftlingen dar, die durch ihre Wachmannschaften der eventuellen Befreiung durch alliierte Truppen entzogen werden sollten. Schließlich nahmen auch zahlreiche Flüchtlinge aus den Ostgebieten, denen dann wenig später Millionen von Vertriebenen folgen sollten, ihren Weg nach Bayern.

Als der Krieg endgültig vorüber war, kamen diese großen Bewegungen durch Befehle der Besatzungsmächte vorerst kurzfristig zum Stillstand. Bald aber wurde Bayern von neuen Menschenströmen durchzogen. Befreite Kriegsgefangene und KZ-Insassen, entlassene Soldaten und Geflüchtete machten sich auf den Weg nach Hause.

Dies war die Situation, in der – nach zaghaften Anfängen 1945 verstärkt ab 1946 – die Photographien dieses Bandes entstanden. Es sind keine Privataufnahmen, sondern die Ergebnisse der Tätigkeit einer neu gegründeten Firma, einer Bildagentur, die sich den Namen ‚Bayerisches Pressebild' gab. Sitz der Agentur war München, und verursacht durch die stark eingeschränkten Reise- und Kommunikationsmöglichkeiten zeigt der größere Teil der Aufnahmen Ereignisse und Zustände aus dem Raum München und Oberbayern. Aber auch wichtige Vorgänge in größeren Städten wie Nürnberg, Augsburg, Regensburg, Hof, Straubing oder Bamberg und kleineren Orten wie Furth im Wald, Perlesreuth, Buching, Leipheim, Landsberg am Lech, Dorfen oder Mittenwald und zahlreichen anderen wurden im Bild festgehalten. Der gesamte Bestand umfaßt ca. 90 000 Photographien, aus denen eine typische Auswahl zusammengestellt wurde.

Die Qualität dieses vor 45 bis 50 Jahren entstandenen Dokumentarmaterials kann nicht in jedem Fall heutigen Ansprüchen genügen, doch wurde zur Erhaltung des unmittelbaren historischen Aussagewerts bewußt darauf verzichtet, Alters- und Gebrauchsspuren zu schönen oder zu retouchieren. Das ‚Bayerische Pressebild' wird hier erstmals in Buchform vorgestellt, wobei einige Bilder natürlich auch schon in den langsam wieder erscheinenden Zeitungen und Zeitschriften der Jahre 1945 bis 1950 gezeigt worden sind.

Anlaß für die Aufnahmen war die Berichterstattung, und so spannt sich der Themenbogen von Darstellungen der Kriegszerstörungen und des Wiederaufbaus über die Politik, die Situation der Displaced Persons, die Schilderung des Lebens in Trümmern und des Lebens der amerikanischen ‚Besatzer' bis hin zum Sport, der Kultur und der Wirtschaft. Traditionelles und für die Zeitgenossen ganz Neues wurde dokumentiert, oft auch mit Blick für die Bildästhetik.

Besonderes Interesse fand die Schilderung der zerstörten Städte, die einsetzende Beseitigung der Trümmer und die Leistung der am Wiederaufbau beteiligten Menschen. Auf dem Gebiet der Politik wurde berichtet über die amerikanische Militärregierung, aber auch über die von ihr eingesetzte bayerische Staatsregierung, den beratenden Landesausschuß, die Verfassunggebende Landesversammlung, den Wiederbeginn der Parteien und Verbände, über Entnazifizierungs- und KZ-Prozesse, Kundgebungen und Demonstrationen, Kommunal- und Landtagswahlen bis hin zu Ereignissen der jungen Bundesrepublik.

Zahlreiche Photographien befaßten sich mit der Situation der Displaced Persons, jener nach Hunderttausenden zählenden, den unterschiedlichsten Nationen und Religionen angehörenden ehemaligen KZ-Häftlinge, Kriegsgefangenen, Zwangsarbeiter und Verschleppten, die durch die Alliierten befreit worden waren, aber teils nicht sofort und teils auch gar nicht mehr in ihre Heimatländer zurück konnten oder wollten. Sie lebten erneut in Lagern, bereiteten sich auf die Repatriierung oder die Auswanderung vor und errichteten Betriebe, Lehrwerkstätten, Schulen und Universitäten, pflegten ihre religiösen und kulturellen Traditionen, veranstalteten Sportwettkämpfe und Kunstausstellungen. Viele von ihnen blieben noch jahrelang in Bayern, manche für immer.

Während das Leben für die Landbevölkerung keinen zu gravierenden Veränderungen unterworfen war, versuchten die Menschen in den zerstörten Städten sich einzurichten, so gut es eben ging. Man improvisierte in Ruinen. Lebensmittel und viele Dinge des täglichen Gebrauchs waren rationiert, Flüchtlinge und Vertriebene mußten versorgt, untergebracht und beschäftigt werden, wie auch die Heimkehrer aus der Gefangenschaft. Aber Fasching wurde schon bald wieder gefeiert und Traditionen wie das Oktoberfest wieder aufgenommen.

Für wie wichtig die Anweisungen und Vorgaben – die in zunehmenden Maße auch Hilfe und Unterstützung waren – der amerikanischen Besatzungsmacht erachtet wurden, wie fasziniert man auch vom Lebensstil und der Einstellung dieser Menschen aus Übersee war, beweist eine Vielzahl von Photographien. Sie zeigen deren Leben in einer Art goldenem Käfig, in dem es uneingeschränkt Essen, Luxus und Freiheit zu geben schien, aber auch ihre zunehmende Hilfsbereitschaft gegenüber den Besiegten, ihre Bemühungen um ‚Reeducation' und besonders um eine demokratische Einstellung bei der Jugend.

Berichte über Sportveranstaltungen bis hin zum Hunde- oder Seifenkistlrennen belegen, daß sich auf diesem Gebiet die Verhältnisse am schnellsten normalisierten. Ebenso breiten Raum nahm die Information über kulturelle Veranstaltungen ein. Ausstellungen, Theater, Oper und Operette, Symphoniekonzerte, Jazz und Volksmusik, Zirkus, Cabarett und Folkloreveranstaltungen, Filmproduktionen, Rundfunk, Presse- und Verlagswesen, alles blühte wieder auf, von den Amerikanern aufmerksam gefördert, aber auch kontrolliert. Gleiches galt für das Schulwesen, die Universitäten und Bibliotheken. Berichte über Prozessionen, Pilgerfahrten und andere kirchliche Veranstaltungen rundeten das Bild ab.

Eine große Anzahl der Photographien zeigt Aufnahmen aus den Bereichen Wirtschaft, Handel – einschließlich Schwarzmarkt –, Handwerk und Verkehr. Vom Einfallsreichtum neu entstehender Kleinproduktionen und Verkaufsständen in Trümmerfeldern bis zum Wiederbeginn industrieller Produktion, von Arbeitslosigkeit und Lebensmittelmangel bis zu den üppigen Auslagen mit Luxusgütern, von Flüchtlingsbetrieben bis zu Handwerks- und Handelsmessen, von überfüllten öffentlichen Verkehrsmitteln bis zum langsam stärker werdenden Individualverkehr und Tourismus zeigt sich ein facettenreiches Panorama.

Den Bildern sind einige Texte beigegeben, die in bayerischen Zeitungen der Jahre 1945 bis 1947 erschienen. Sie ergänzen in ihrer unmittelbaren Athentizität den Blick auf einen historischen Zeitraum, die Erinnerung an Ereignisse, Gegenstände, Gebäude, Ensembles und Zustände, die so nicht mehr existieren. Ältere Betrachter werden sich schnell in die damalige Zeit zurückversetzt finden, jüngere können einen intensiveren Einblick in eine Epoche nehmen, die sie nur aus Erzählungen und nachinszenierten Filmen oder Fernsehstücken kennen, die Forschung kann optische Belege feststellen. All das darf man von diesem Dokumentarmaterial erwarten – von Photographien 1945 – 1950.

Die Photographien

Sämtliche Photographien stammen aus dem Bestand ‚Bayerisches Pressebild'
im Bildarchiv des Hauses der Bayerischen Geschichte.
Es handelt sich dabei um Originale aus den Jahren 1945 bis 1950;
entsprechend uneinheitlich sind auch Qualität und Erhaltungszustand der Aufnahmen.

Zerstörung und Wiederaufbau

**Gedanken beim Anblick eines Ziegelsteins
Ein kleines Kapitel ‚Aufbau-Philosophie'**

Da stolpert man heutzutage doch wahrhaftig alle Augenblicke über einen Ziegelstein. Jetzt, wo der Verputz abgefallen, wo nur mehr Berge von durcheinandergefallenen Steinen die Stellen anzeigen, wo einst ein Haus gestanden hat, jetzt sieht man erst, daß die ganze Welt aus Ziegeln sich zusammenfügt... Ziegelsteine. Wie wenig weiß man doch über sie: Dinge, die zur Selbstverständlichkeit geworden sind, bleiben ihrem Wesen nach so gut wie völlig unbekannt. Man nimmt ihre Existenz als gegeben hin, ohne zu wissen, was sie eigentlich sind und bedeuten.

Im Konversationslexikon sind dem Ziegelstein viele lange Spalten gewidmet. Ich habe zwar keinen Brockhaus mehr, weil auf ihn soviel Ziegelsteine gefallen sind, daß er zusammen mit anderen Hausbrocken jetzt auf irgendeiner Schutthalde endigt. Doch ich habe mir einen ‚Meyer' borgen können. Es ist die „Dritte, völlig umgearbeitete Auflage von 1877". Aber auch der sonst so allwissende Herr Meyer hat mir nicht sagen können, was eigentlich ein Ziegelstein ist. Er schreibt da auf fünfeinhalb Lexikon-Seiten sehr viele gelehrte Dinge, zum Beispiel, daß die Länge des gewöhnlichen Mauerziegels gleich der Ziegelbreite, vermehrt um die 10-12 Millimeter breite Mörtelfuge sein müsse, und von Ziegelmaschinen, die bis zu 20 000 Ziegeln im Tag herstellen. Aber sonst stand nichts von dem zu lesen, was ich gerne gewußt hätte über das Wesen des Ziegelsteins.

Aber sicherlich hat man 1877 noch nicht ahnen können, wie sehr einmal der Ziegelstein zum Sinnbild einer Zeit werden würde. Da starren in den Städten die Reste bröckligen Mauerwerkes auf die Straßen, auf die Berge von Ziegelschutt, auf die Ruine des Nachbarhauses. Und manchmal ist nur mehr ein ziegelgemauerter Kamin das letzte Zeichen für ein Haus, das vielleicht schon vor vielen hundert Jahren erbaut worden war, als die Mauersteine noch keineswegs das von Meyer 1877 empfohlene deutsche Normalmaß von 0,25 m Länge, 0,12 m Breite und 0,065 m Dicke hatten, sondern noch mit der Hand geformt und bearbeitet wurden... Sekunden vernichteten, was Jahre gebaut. Zwölf Jahre vernichteten, was Jahrhunderte geschaffen. An den zersplitterten Ziegelsteinen lesen wir unsere Geschichte ab. In dem Neubau aus Trümmern liegt unser künftiges Geschick. Die Berge von Ziegelschutt werden uns wie die zahllosen, fensterblinden Häuser an das wahrhafte ‚Vermächtnis' der jüngsten Vergangenheit gemahnen. Es kommen noch Millionen von hölzernen Kreuzen dazu, Bäche von vergeblich geweinten Tränen, die Leichenberge der Gemordeten, – es kommt die Last einer Schuld dazu und die Last der Schulden... Führer befiehl, wir tragen die Folgen! Ziegelsteine. Seit Jahrtausenden brennt sie der Mensch zum Mauerwerk seiner Behausungen. Sie bestimmten das Baumaß, die Höhe, die Form. Das Haus der Zukunft soll rund sein, berichtete kürzlich eine amerikanische Zeitung: der Ziegelstein als Baustoff ist überholt! An seinen Ecken und Kanten haben sich zu lange die Menschen gestoßen. Aber die Zeitung gibt selbst zu, daß es sicher damit noch eine Weile dauern würde, vorerst käme man noch nicht ohne ihn aus, den Ziegelstein. Und ich finde das gut so. Denn allzusehr gleicht der Ziegel dem Menschen. Ein einzelner Mensch, der nur seine eigenen Wege geht, der ist zu nichts nütze. Auch ein einzelner Ziegel ist zu nichts nütze; erst seine Summe schafft den endgültigen Bau, in dem er ein Namenloser und dennoch ein fest eingefügtes Stückwerk ist, dessen Fehlen eine Lücke bedeuten würde...

Ein geborstener Stein ist das Zeichen für Vergangenes, ein ganzer Stein ist Mittler für Zukünftiges. Der eine muß fortgeworfen, beiseite geschafft werden, der andere muß aufgehoben, für Künftiges beiseite gelegt werden. Der Bau unserer eigenen kleinen Welt liegt heutzutage ebenso in Trümmern wie der große Bau unseres Vaterlandes. Nichts kann wieder so aufgebaut werden, wie es war, und nicht alles darf wieder so errichtet werden, wie es gewesen ist. Seit mehr als einhundertsechzig Jahren mauert die Menschheit am Bauwerk einer Neuen Zeit, und die Baustoffe sind bis auf den heutigen Tag die gleichen geblieben: die Gleichheit, die Brüderlichkeit und die Freiheit des Einzelnen von Not und von Furcht. Aus dem Schutt der zerfallenen Häuser holt man jetzt mancherorts die noch brauchbaren Steine heraus, klopft den verhärteten Mörtel von ihnen ab und ist gewillt, aus ihnen erneut die Mauern des neuen Baues zu formen. Denn der Grundstoff ist, wie gesagt, der gleiche geblieben. Was den Ziegeln, die nicht zersprangen und nicht geborsten sind, in jüngster Zeit noch anhaftet an Taubem und Schlechtem, an zersetzendem Mörtel, das muß in gleicher Weise abgestreift und abgetan werden. Der neugewonnene Baustein braucht beileibe kein deutsches Normalmaß.

Er braucht das Maß aller Dinge, – und das ist der Mensch in seiner Menschlichkeit...

(W. Gregor in: Radiowelt, Jg. 1, 1946)

Rettung von Bayerns Kulturbauten

Die Hitlerzeit hat uns Zerstörungen hinterlassen, die wohl zum erstenmal in der Menschheitsgeschichte die Fragen des Wiederaufbaues zu einem Aufgabenkomplex weiten, wie er in ähnlichem Umfange noch keiner Generation zur Lösung gestellt worden ist. Kämpfte man früher als Denkmalpfleger um einzelne kleinere oder größere Objekte, so steht man heute vor beklemmenden, vor gigantischen Problemen, wie etwa dem der zerstörten Frankenstadt Würzburg, von der nur noch ein Gräberfeld von ausgebrannten Kalkwänden, ragenden Turmstümpfen und weißlichen Kuppelschalen kündet. Nürnberg steht ihr nicht viel nach, während München, Augsburg, Aschaffenburg, Rothenburg, Donauwörth dagegen trotz aller Verwüstungen immer noch als Organismen voll bewegten Lebens erscheinen mögen. Mit dankbarer Freude – sie gleicht der des Wiedersehens mit einem schon totgeglaubten

Kinde – begrüßt man auf eiliger Fahrt das auftauchende unversehrte Bild von Dinkelsbühl, Ochsenfurt, Miltenberg, Wasserburg. Und selbst Einzelverwüstungen, die man in normalen Zeiten als furchtbar angesprochen hätte, wie den Bombeneinschlag im Westteil der Georgskirche in Nördlingen, muten heute als ein erträglicher, weil doch reparabler Schaden an.

Es geht heute nicht mehr um Einzelnes, denn ganze Städte müssen als Gesamtkunstwerk gerettet werden. Sie waren vollendeter, schaubarer Ausdruck gewaltiger deutscher Geschichtsperioden, wie etwa Rothenburg o. T. mit seinem gotischen Mittelalter oder Würzburg mit der höchst reizvollen Synthese von Mittelalter und Barock. Man steht stundenweise verzweiflungsvoll vor den Problemen, und doch gilt es, eine Lösung in harter, ehrlicher Anstrengung zu finden.

Möglichkeiten des Wiederaufbaues einer zerstörten Stadt gibt es natürlich mancherlei. Vor zwanzig Jahren konnte man eine Stadt wie Oppau, als reichlich Baumaterial und Arbeitskräfte vorhanden waren, in großzügiger systematischer Planung in einem Zuge wieder erstehen lassen. Heute ist alles schwieriger geworden. Man kann radikal vorgehen, kann die Trümmerstätten im Innern liegen lassen, den Außenring mit Maschinen einwalzen, darauf einen Gürtel von achtstöckigen Häusern bauen und hat die Wohnungsfrage schnell gelöst – man hat diesen Vorschlag ernstlich gemacht! Aber ein historischer Städteorganismus entsteht so nimmermehr. Ein solches widereuropäisches Gestalten wäre nur Maschinenarbeit, wäre ohne Geist und Gemüt und bedeutete die Vernichtung selbst des Begriffes Würzburg oder Nürnberg. Der Schwierigkeit des Problems wird man in kleineren Städten naturgemäß eher Herr. So hat man im altbayerischen Erding einen einzelnen leitenden Architekten eingesetzt, dem alle Baumaßnahmen unterstehen. Damit sind Pfuschereien von ungeeigneten Kräften, deren jetzt schon manche am Werke sind, vorgebeugt. Anders wurde in Rothenburg o. T. vorgegangen, wo ein keilförmiger Sektor im Osten der Neustadt zwischen Würzburger Tor, Rödertor, Weißem Turm und Markusturm völlig ausgebrannt ist. In diesem kleinbürgerlichen Handwerker- und Geschäftsviertel regen sich vielfache Einzelwünsche nach baldigem Aufbau. Straßenzüge bleiben die alten, Privatkapital ist vorhanden, die Zahl der ortsansässigen Architekten hat sich durch Zuzug vermehrt. In diesem Fall muß durch Führung und Beratung der Architekten und Handwerker durch eine kleine Fachkommission die Einpassung in den Baucharakter Rothenburgs gesichert werden. Dabei soll beispielsweise nicht die sklavische Herübernahme des ehemaligen Zustandes eines Hauses erstrebt werden – denn man kann nicht die Raumdisposition etwa eines ehemaligen Pinselmacherhauses einem heutigen Autochauffeur aufzwingen –, sondern eine nachfühlende Neuschöpfung, die vor allem in Maßstab, Materialgerechtigkeit und handwerklicher Solidität ihren Stolz suchen muß. Bausünden der letzten Generationen sollen dabei rücksichtslos beseitigt werden. Ohne feste, bestimmte Zielsetzung geht es natürlich nicht, allzu individualistische Wünsche müssen zurücktreten.

Die Probleme häufen sich natürlich bei den großen Städten München, Nürnberg, Augsburg, Würzburg. Man kann hier keineswegs immer die alte Form, ja häufig nicht einmal die alte Straßenführung beibehalten. Die radikale Zerstörung ganzer Wohnviertel wirft die schon lange brennende Frage nach Stadtplanung, Durchgangs- und Umgehungsstraßen, Raumordnung nach Wohn-, Industrie-, Verkehrsvierteln in nie geahnter Möglichkeit auf. So muß vor allem der Städteplaner seine Forderungen und Wünsche kundtun, nicht willkürlich mit dem Stift auf dem Stadtplan, sondern aus dem historischen Werden, den wirtschaftlichen und kulturellen Gegebenheiten und den aus der Bodengestaltung erwachsenen Verkehrsnotwendigkeiten heraus. Erst wenn man sich über diese Verhältnisse klar ist, wird man die Frage erheben können, wo man ohne Rücksicht auf individuelle Wünsche und Möglichkeiten mit dem Wiederaufbau beginnen kann. Wir glauben, daß dieser Wiederaufbau ähnlich vor sich gehen muß, wie einmal unsere Städte in Jahrhunderten geworden sind: Inselartig werden sich die Quartiere aus dem Schutt erheben, um ihre Kristallisationspunkte geordnet, wie es sich aus händlerischen, verwaltungsmäßigen, kirchlichen, industriellen Erfordernissen ergibt. Um die großen Zentren werden sich dann die Quartiere des Kleinhandels und die eigentlichen Wohnviertel von selbst gruppieren.

Alle diese Vorbedingungen lassen schon das eine sichtbar werden: an einen Wiederaufbau in zwei bis drei Jahren, wie dies der braune Rattenfänger dem Volke vorgetäuscht hat, kann natürlich kein vernünftiger Mensch glauben. Was Generationen und Jahrhunderte in mühseliger und hingebender Kulturarbeit geschaffen haben, kann nicht die Betonmaschine in wenigen Jahren ersetzen. Wir müssen mit Jahrzehnten rechnen, bis alle Schäden werkgerecht wenigstens an den großen Kulturbauten beseitigt sein können. Und manche Bauten, darüber müssen wir uns klar sein, werden nie mehr erstehen können. Lassen wir sie ruhig als Ruinen, wie das Schloß von Heidelberg, mahnend stehen!

Und nun noch eins: die Sorge, Kirchen und Residenzen könnten als Objekte des Wiederaufbaues dem Wohnhausbau vorangestellt werden, diese Sorge ist unnötig. Keine verantwortliche Stelle hat, dies kann ich aus intimster Kenntnis sagen, solche Meinungen vertreten. Was wir jetzt an den großen Kulturbauten tun können, ist Sicherung vor weiteren Zerstörungen durch Abdecken, Notdachung, Verschalen, Stützen, eventuell auch durch Entfernung von durch Einsturz bedrohten Teilen. So ist in München nur ein Seitenschiff der Theatinerkirche rein behelfsmäßig zur Notkirche ausgestaltet worden, um einen gottesdienstlichen Raum in der Innenstadt zu gewinnen. Aber auch diese behelfsmäßigen Arbeiten leiden unter Baustoff- und Arbeitskräftemangel, so daß zu fürchten ist, daß manche sehr dringende Rettungsaktion unterbleiben und die schlechte Jahreszeit weitere umfassende Zerstörungen herbeiführen wird. Dem steht natürlich nicht entgegen, daß heute schon Pläne für endgültige Restaurierungen gemacht werden. Aber auch hier muß man Vorsorge treffen, daß nur wirklich geeigneten Kräften so verantwortungsvolle Aufgaben übertragen werden.

(Georg Lill in: Süddeutsche Zeitung, Jg. 1, Nr. 1, 5. Oktober 1945)

Abbildung Seite 12:
Ruinenabbruch, München, 1946

Zerstörung und Wiederaufbau 15

Spielendes Kind zwischen Trümmern, September 1946

16 Zerstörung und Wiederaufbau

Zerstörungen in der Münchner Innenstadt: Blick zum Isartor, 1946

Sendlinger-Tor-Platz, August 1946

Blick vom Tal auf Altes und Neues Rathaus, 1946

18 Zerstörung und Wiederaufbau

Theatinerkirche St.Kajetan, 1946

Residenz und Theatinerkirche, 1946

Blick vom Viktualienmarkt auf die Heilig-Geist-Kirche, 1946

Blick von der Kaufingerstraße zur Frauenkirche, 1946

Nationaltheater, 1946

Hofgarten und Armeemuseum, 1946

20 Zerstörung und Wiederaufbau

Oben und unten: Residenz, 1946

Allerheiligen-Hofkirche, 1946

22   Zerstörung und Wiederaufbau

Universität, 1946

Wittelsbacher Palais, ehemaliger Sitz der Gestapo, 1946

Siegestor, 1946

Alte Pinakothek, 1946

Staatliche Antikensammlung und ehemaliger NS-Verwaltungsbau am Königsplatz, 1946

Münchner Innenstadt 25

Propyläen am Königsplatz, 1946

26 Zerstörung und Wiederaufbau

Wiederaufbauarbeiten am Maximilianeum, Juli 1947

Blick über die Maximiliansbrücke zum Maximilianeum, November 1948

München · Nürnberg 27

Spittlertor, Nürnberg, Juni 1947

Zerstörungen in der Königstraße in Nürnberg, Juni 1947

Kuppel des Verkehrsministeriums am Hauptbahnhof, München, August 1946

Haunersche Kinderklinik, München, Mai 1946

Schutträumung in München, Mai 1946

Nürnberg · München · Regensburg 29

Oben und unten: Wiederherstellungsarbeiten im Donauhafen von Regensburg, 1946

Spielende Kinder zwischen Trümmern in München, 1946

Schutträumung und Wiederaufbau 31

Ruinenabbruch in München, 1946

32 Zerstörung und Wiederaufbau

Schutträumung in München, Juli 1946

Schutträumung in München, Mai 1946

Trambahndepot in München, Oktober 1946

„Rama dama" in München, 29. Oktober 1949

Schutträumung und Wiederaufbau 35

Schutträumung in München, Juli 1946

36 Zerstörung und Wiederaufbau

Wiederaufbau, München, Juli 1946

Schuttverladung an der Zwischenkippe der Trümmerbahn am Sendlinger-Tor-Platz, München 1946

Zwischenkippe der Trümmerbahn, München, November 1946

Oberbürgermeister Karl Scharnagl schaufelt Schutt in der Corneliusstraße als Vorbild für die Münchner Bürger, 22. April 1947

Schutträumung und Wiederaufbau 37

Aufräumarbeiten im Tal, München, August 1946

38 Zerstörung und Wiederaufbau

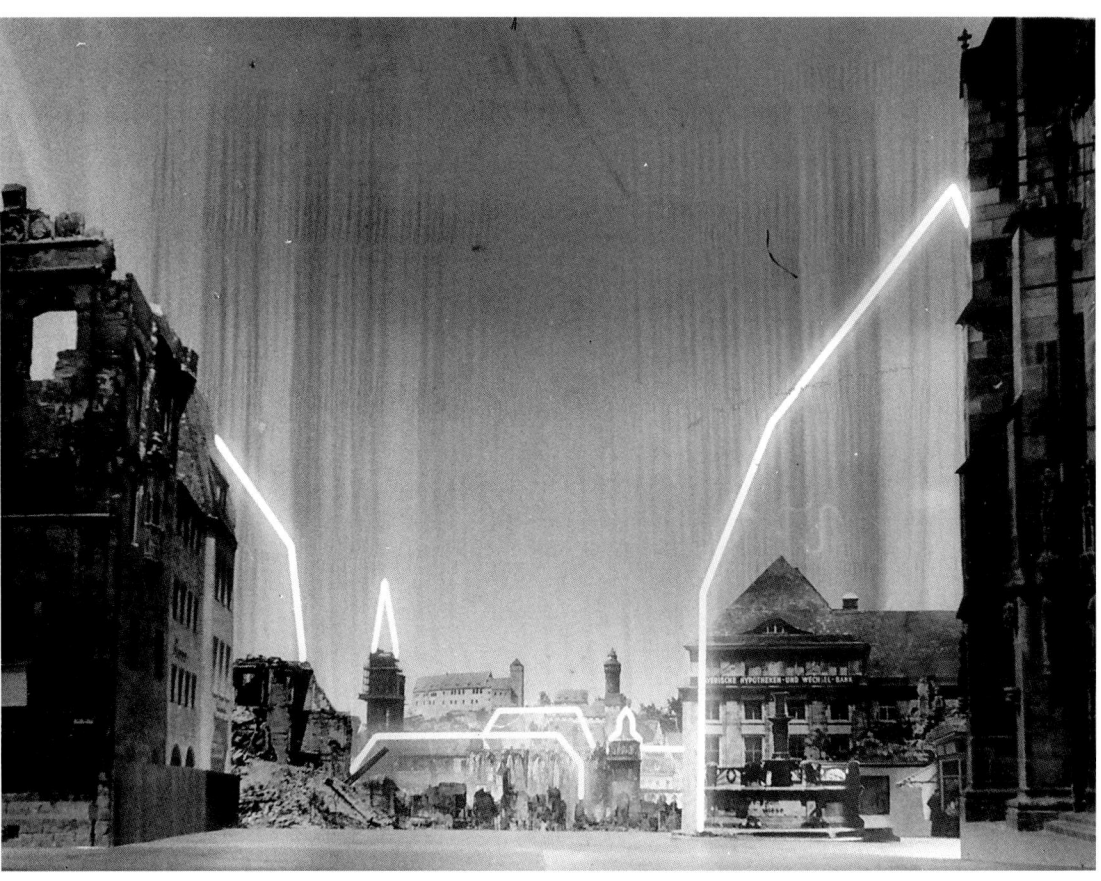

Oben und unten: ‚Deutsche Bauausstellung' in Nürnberg, August 1949

Politik

Ist Demokratie in Deutschland möglich?

Die geschichtliche und politische Entwicklung in Deutschland spricht gegen die von uns gestellte Frage. Es läßt sich nicht leugnen, daß jede demokratische Bewegung, die sich im Laufe der Zeiten in unserem Land anbahnte, nicht ausreifte. Geschichtliche Beispiele gibt es in Fülle. Wir denken dabei an den Kampf der Bauern gegen ihre Unterdrücker im Mittelalter. Die zwölf Artikel, in denen die Bauern damals ihre Forderungen zusammenfaßten, waren im Grunde von demokratischem Geiste erfüllt. Die Bauernerhebung wurde in Blut und Feuer erstickt. Wir erinnern uns weiter der Revolution von 1848. Die besten Kräfte des demokratischen Bürgertums und der jungen aufsteigenden Arbeiterklasse wurden Opfer des preußischen Junkertums und Militarismus. Wir haben schließlich selbst noch das Jahr 1918 erlebt. Wir glaubten damals an die Demokratie, und wir mußten es erleben, daß die Entwicklung zum Faschismus Hitlerscher Prägung führte.

Die Unentwegten haben auch nach 1933 in Deutschland für die Demokratie weitergekämpft mit all den ihnen möglichen und der jeweiligen Situation angepaßten Mitteln. Weder Zuchthaus noch Konzentrationslager noch der Tod so vieler ihrer Brüder und Schwestern hat sie in ihrem Kampfe irre gemacht. Sie alle, die den Hitlerterror überlebten, stehen heute wieder vor der Frage: Ist jetzt vielleicht die Demokratie in Deutschland möglich?

Die Frage der Demokratie in Deutschland ist anders zu beurteilen als die in England, Amerika oder in der Sowjetunion. Wir wissen aus der Geschichte der Völker, daß die geistige Struktur eines Landes das Spiegelbild seiner ökonomischen und politischen, kurzum, seiner gesellschaftlichen Entwicklung ist. Und wir wissen weiter, daß in anderen Ländern die ökonomische und damit auch die staatliche Entwicklung wesentlich anders verlief als bei uns. Die Franzosen haben 1789 die Fesseln des Feudalismus abgeschüttelt und sich die politische Demokratie des Bürgertums erkämpft. Deutschland war damals noch in feudalistischer Kleinstaaterei verhaftet. Die Vereinigten Staaten von Amerika haben die moderne Entwicklung ihres Landes mit der Demokratie begonnen. Für die Engländer sind demokratische Spielregeln eine jahrhundertealte Tradition, und in der Sowjetunion haben die Arbeiter und Bauern im Oktober 1917 die Reste feudalistischer Herrschaft beseitigt und die politische, die soziale Demokratie verwirklicht.

Wir in Deutschland stehen heute vor einem Trümmerhaufen, und das in einer Zeit, in der den großen Nationen der Welt das demokratische Fühlen und Denken längst, längst unausrottbar ins Bewußtsein eingegangen ist.

Gewiß, in jedem Lande paßt sich die Demokratie den besonderen Verhältnissen an. Aber die Grundprinzipien demokratischer Gestaltung müssen bei allen Völkern die gleichen sein. Demokratie heißt Gleichberechtigung. Demokratie heißt weiter Achtung jeder Meinung und Gesinnung und Berücksichtigung der Minderheit. Das alles gehört zur Verwirklichung der politischen Demokratie. Demokratie bedeutet aber weiterhin auch Beseitigung und Verhinderung jeder menschlichen Ausbeutung. Und erst dann können wir von einer sozialen Demokratie sprechen.

Sind diese Ideale in Deutschland zu erreichen? Die Macht des Faschismus ist bei uns gebrochen, aber sie ist nicht durch uns beseitigt, sondern durch den Kampf der großen demokratischen Nationen. Und das ist heute unsere Schwäche. Der Faschismus ist ohne staatliche Macht, aber er ist im Denken unseres Volkes noch nicht ausgelöscht.

Wenn in Deutschland heute die Demokratie möglich sein soll, dann müssen wir selbst die Voraussetzungen dazu schaffen. Und diese Voraussetzungen sind ganz andere als bei den übrigen Nationen. Wir haben zwei Kriege verloren. Es gibt keine deutsche Regierung. Das ganze Land ist in verschiedene Besetzungszonen aufgeteilt, die Industrie zum großen Teil zerstört, die Landwirtschaft in Unordnung geraten, und das Verkehrswesen bildet ein Chaos. In einer solchen gesellschaftlichen Lage ist die Verwirklichung der Demokratie nur dann möglich, wenn die ökonomischen, sozialen und politischen Voraussetzungen gegeben werden. Die ökonomischen Voraussetzungen sind: Zerschlagung der Kartelle, Trusts und Monopole und die Überführung der großen Industrien in genossenschaftliche und staatliche Hand. Die sozialen Gegebenheiten müssen ihren Niederschlag in einer gleichmäßigen Behandlung aller Deutschen finden, da die soziale Frage nicht anders anzupacken ist in einer Situation, in der die allgemeine Not des gesamten Volkes die Richtschnur jeden sozialen Handelns sein muß. Politisch schließlich ist es notwendig, daß die Einheit dem Volke erhalten bleibt, damit endlich das erreicht werden kann, was den Bauern im 17. Jahrhundert, den Revolutionären von 1848 und der Weimarer Republik von 1919 nicht gelang, nämlich die Verwirklichung einer deutschen Nation, demokratisch und sozial im weitesten Sinne des Wortes. Dabei gibt es noch eine Reihe von Problemen, die durch die Hitlersche Niederlage bedingt sind. Die deutsche Demokratie muß sich zunächst auf die Avantgarde der entschlossensten und mutigsten Antinazisten stützen, sie muß aus allen ehrlichen demokratischen Kämpfern die Kader bilden, die den Aufbau in Angriff nehmen. Sie hat für eine Reihe von Jahren die aktivistischen Nationalsozialisten aus dem politischen Leben der neuen deutschen Demokratie auszuschalten. Das sind Einschränkungen, die auf Grund der besonderen Lage bei uns unerläßlich erscheinen.

Wir haben in Deutschland nur noch die Wahl, ein Kolonialvolk zu sein oder entschlossen das Werk unserer demokratischen Vorfahren zu verwirklichen. Das, was die bürgerliche Revolution von 1848 nicht erreichte, das muß heute durchgeführt werden. Dann wird die Demokratie in Deutschland möglich sein.

(Rudolf Agricola in: Die Neue Zeitung, Jg. 1, Nr. 8, 12. November 1945)

Zur ersten Wahl

Morgen gehen wir also zur Wahl.

Nicht alle – leider – aber doch ein erheblicher Teil unserer Mitbürger hat morgen ein gewichtiges Recht wahrzunehmen und eine bedeutende Pflicht zu erfüllen. Sie haben sich auf der ersten und untersten Stufe der demokratischen Pyramide eine Vertretung zu geben, indem sie Männer wählen, denen sie ihr Vertrauen zu schenken bereit sind. Es hat bei aller Unvollkommenheit doch seinen guten Sinn, daß die Wahlen zunächst nur in den kleineren Gemeinden durchgeführt werden, wo den Wählern die Kandidaten fast durchweg persönlich bekannt sind.

Diese Wahlen sind nach langer Zeit wieder die erste freie Betätigung am Gemeindeleben und die erste praktisch-politische Willenskundgebung, wenn auch nur im engsten und unmittelbarsten Lebenskreise: der Gemeinde. Und sie sind nach viel längerer Zeit wieder die ersten Wahlen, die mehr sind als die operettenhaften Akklamationen, die uns gelegentlich im Dritten Reich zugestanden waren, und mehr auch als die sinnlosen Verzettelungen, als welche die Wahlen in den letzten Jahren der Agonie der Weimarer Republik mit ihren 31 Parteien von vielen empfunden wurden. Heute gibt es – von einigen Versplitterungen abgesehen – zu unser aller Glück und Heil nur vier große Parteien. Und diese vier sind nach unserer Meinung mehr als genug. Ihre Programme, Grundsätze und Ziele sind von den Kommunisten bis zu den Demokraten, von der Sozialdemokratie bis zu den Christlich-Sozialen genügend umfänglich und klar, daß keinem Bürger die faule Ausrede bleibt, es fehle gerade die eine, der er seine Stimme geben würde, wenn sie existiere. Wer mit dieser fadenscheinigen Begründung etwa eine Wahlenthaltung rechtfertigen möchte, begibt sich nicht nur eines Rechtes, sondern versäumt auch eine Pflicht. Er würde bestenfalls bestätigen, daß er ein krämlicher Sektierer und rechthaberischer Querschädel ist. Und er kann sich obendrein nicht beklagen, wenn man ihn für einen Nazi hält, der aus grundsätzlicher Unbelehrbarkeit von der ihm gewährten demokratischen Freiheit keinen Gebrauch machen will und gesonnen ist, sich in der politischen Schmollecke einzurichten.

In gewöhnlichen Zeiten ist in Deutschland den Gemeindewahlen selten die Bedeutung zugemessen worden, die ihnen in einer Volksdemokratie tatsächlich zukommt. Indessen sind Gemeindewahlen der erste Schritt im demokratischen Verfassungsleben überhaupt und der erste Meilenstein auf dem Wege eines organischen Fortschreitens vom Kleinen zum Großen. Darum werden sich mehr noch in der Wahlbeteiligung (wie Hessen gezeigt hat) als im Wahlergebnis des morgigen Tages künftige Möglichkeiten abzeichnen, die für die Frage entscheidend sein werden, ob, wann und wie Deutschland und seine neue staatliche und soziale Ordnung in das europäische System und in die Gemeinschaft der Völker eingegliedert werden kann. Hängt auch die letzte Entscheidung darüber von den Siegermächten ab, die Vorentscheidung ist in unsere eigene Hand gelegt.

Vielleicht werden viele sagen, daß demokratische Freiheit im Schatten einer Besatzungsmacht eine problematische Angelegenheit sei. Zugegeben – aber ohne Besatzungsmacht hätten wir nicht einmal den Schatten einer demokratischen Freiheit. Die amerikanische Militärregierung hat mit großem Interesse und erfreulicher Initiative dazu beigetragen, die politische Tätigkeit zu ermuntern und sie in Form zu bringen. Den Inhalt müssen wir ihr freilich selbst geben, das können die Amerikaner nicht. Gewiß ist das Feld unserer politischen Betätigung noch notwendig begrenzt, aber gerade darum müssen wir erst recht unter Beweis stellen, daß wir gewillt sind, die uns verbliebenen Möglichkeiten auch restlos wahrzunehmen. Durch politische Gleichgültigkeit vermöchten wir höchstens sinnfällig zum Ausdruck zu bringen, daß wir weder die Kraft noch die Reife haben, unsere Geschicke selbständig in die Hand zu nehmen, und es aufgeben, den Zustand der politischen Bevormundung, der uns in den letzten zwölf Jahren ebenso bequem wie verhängnisvoll geworden war, abzuschütteln.

Darum – wer ohne Zwang von der Wahl fernbleibt, bekundet eine traurige Gleichgültigkeit gegenüber seinen politischen Pflichten und gegenüber den Aufgaben, die uns gestellt sind. Er darf sich nicht wundern, wenn seine Passivität sich, ohne daß er es will, eines Tages gegen ihn selbst kehrt. Wichtig ist deshalb vor allem, daß jeder Wahlberechtigte auch wirklich wählt.

Freilich ebenso wichtig ist, daß jeder richtig wählt. Diese Entscheidung aber kann ihm niemand abnehmen. Es muß sie jeder für sich selbst treffen, und er möge sie sorgfältig und gut treffen und so, daß er es später nicht zu bereuen hat.

Eins legen wir dabei jedem Wähler ans Herz: Daß er Illusionismus nicht mit Idealismus verwechselt. Daß er die höchsten weltanschaulichen Fragen, die ihn bewegen, nicht unzulässig mit den praktisch-politischen Fragen, die zur Lösung stehen, verquicke. Die Aufgaben, die unmittelbar vor uns liegen, sind in erster Linie wirtschaftliche und soziale. Hier aber ist ein nüchterner Realismus der zuverlässigste Berater und der beste Schutz gegen die Versuchungen des Unmöglichen.

In diesem Sinne wünschen wir, daß die Fortschrittlichsten, Aufgeschlossensten, Jugendlichsten (nicht notwendig immer dem Alter nach) und Entschlossensten jeder Partei recht zahlreich zum Zuge kommen.

(Joseph R. Drexel in: Nürnberger Nachrichten, 2. Jg., Nr. 8, 26. Januar 1946)

Abbildung Seite 40:
Konstituierende Sitzung des Bayerischen Beratenden Landesausschusses
in der Aula der Universität München, 18. Januar 1946

Oben und unten: Vertreter der amerikanischen Militärregierung auf der ersten Pressekonferenz der Bayerischen Staatsregierung im Rathaussaal, München, 22. Januar 1946

Ministerpräsident Wilhelm Hoegner auf der ersten Pressekonferenz der Bayerischen Staatsregierung im Rathaussaal, München, 22. Januar 1946

Sitzung des Vorbereitenden Verfassungsausschusses in der Bayerischen Staatskanzlei in der Prinzregentenstraße, München, 3. August 1946

Sitzung des Bayerischen Beratenden Landesausschusses in der Aula der Universität München, 26. Februar 1946

Vollversammlung der Verfassunggebenden Landesversammlung in der Aula der Universität zur Schlußabstimmung über die neue Bayerische Verfassung, 26. Oktober 1946

Wahlen zur Verfassunggebenden Landesversammlung, München, 30. Juni 1946

Bayerische Verfassunggebende Landesversammlung in der Aula der Universität München: Zuschauer bei der ersten Lesung des Verfassungsentwurfs, 19. September 1946

Sitzung des Verfassungsausschusses in der Staatskanzlei, 11. Oktober 1946

48 Politik

'Interzonen-Pressekonferenz' in Garmisch-Partenkirchen, 12./13. Dezember 1946

Verkündung des Entnazifizierungsgesetzes im Münchner Rathaus während der Tagung des Länderrates am 5. März 1946

Büro der US-Militärregierung zur Verfolgung von Kriegsverbrechen, München, März 1948

Der sogenannte Buchenwald-Prozeß in Dachau vor einem Gericht der US-Militärregierung, April 1947

Staatsakt im Münchner Rathaussaal zur Vereidigung von 40 Richtern, die im Rahmen der Entnazifizierung die Spruchkammermitglieder unterstützen sollen, 9. August 1946

Entnazifizierung 51

Spruchkammerverhandlung gegen Adolf Hitler und Eva Braun zum Zweck der Regelung der Nachlaßverhältnisse, München, 15. Oktober 1948

Spruchkammerverhandlung gegen Ferdinand Weisheitinger, ‚Weiß Ferdl', München, 15. Oktober 1946

Erste Spruchkammersitzung im Justizpalast, München, 14./15. Juni 1946, gegen Jakob Schmid, den Pedell der Münchner Universität, der für die Verhaftung der Geschwister Scholl verantwortlich war

Prozeß gegen vier ehemalige SA-Führer vor dem Obersten Gerichtshof der amerikanischen Besatzungsregierung wegen des Versuchs, eine neue Nazi-Organisation aufzubauen, 8. April 1947

Entnazifizierung · Politisch Verfolgte 53

Erste öffentliche Veranstaltung der ‚Vereinigung der politisch Verfolgten' im Rathaussaal, 11. September 1946

Demonstration gegen Faschismus, 9. März 1950

Bürgermeisterwahl des Münchner Stadtrats im Rathaus, 6. Juni 1946

Gemeinderatswahl in München, Außenaufnahme des Wahllokals im Weinhaus Neuner, 26. Mai 1946

Bayerns jüngster Bürgermeister in Neunstetten, Landkreis Ansbach/Mittelfranken, 4. Mai 1949

Kurt Schumacher als Hauptredner der Wahlkundgebung der SPD auf dem Münchner Königsplatz, 24. November 1946

Anfahrt zur außerordentlichen Landeskonferenz der bayerischen SPD in Ingolstadt, 19./20. Oktober 1946

Das Gebäude der KPD in der Widenmayerstraße 25 in München, November 1946

CSU-Versammlung im Zirkus-Krone-Bau, München, 28. November 1946

*Wilhelm Hoegner bei der Stimmabgabe zur Wahl zum Bayerischen Landtag
und Abstimmung über die Bayerische Verfassung, München, 1. Dezember 1946*

Fragestunde des Bayerischen Landtags im Sophiensaal in der Oberfinanzdirektion München, 23. Juli 1948

Innenausbau des neuen Plenarsaals des Bayerischen Landtages im Maximilianeum, München, 24. Oktober 1948

Maikundgebung der Gewerkschaften auf der Theresienwiese in München, 1. Mai 1946

Demonstrationszug der Münchner Studenten durch die Galeriestraße, 17. Juni 1946

Frauen-Kundgebung der SPD vor der Feldherrnhalle in München, 11. Mai 1948

Demonstration von Kriegsversehrten im Bayerischen Landtag, München, 22. September 1948

62 Politik

Kundgebung der Sudetendeutschen Landsmannschaft vor der Münchner Feldherrnhalle, 18. September 1949

*Gründungskongreß des Deutschen Gewerkschaftsbundes in München im Kongreßsaal des Deutschen Museums,
12. Oktober 1949*

Kundgebung · Gewerkschaften · Bundesrepublik 63

Bundestagswahl in München am 14. August 1949

64 Politik

Bundespräsident Theodor Heuß in München, 6. Oktober 1949

Besuch des nordrhein-westfälischen Ministerpräsidenten und Bundesratspräsidenten Karl Arnold in München, 11. Oktober 1949

Bundeskanzler Konrad Adenauer in München bei der Eröffnung des Landtags im Maximilianeum, 12. Januar 1949

Displaced Persons

Ein jüdischer Kongreß in München
Schaffung einer jüdischen Heimat

Zum erstenmal nach zwölf Jahren der Unterdrückung und nach einem beispiellosen Vernichtungsfeldzug gegen die Juden wird auf deutschem Boden wieder eine jüdische Tagung von internationalem Format stattfinden. Die Eröffnung des Kongresses der befreiten Juden ist für Sonntag, den 27. Januar, im Münchner Rathaus anberaumt worden. Damit hat die vormalige „Hauptstadt der Bewegung" durch ihren Oberbürgermeister Dr. Scharnagl, der das Rathaus als den für den Kongreß würdigen und repräsentativen Tagungsort zur Verfügung gestellt hat, ihren Willen kundgetan, den jüdischen Opfern der Naziherrschaft ihre Sympathie auszudrücken.

Welches sind nun die Probleme, mit denen sich dieser Kongreß zu befassen haben wird, und welches die Ziele, denen er zuzusteuern beabsichtigt?

In vielen Kreisen der Öffentlichkeit herrscht der Eindruck vor, als ob die durch den Sieg der alliierten Truppen befreiten Juden nunmehr automatisch die Möglichkeiten hätten, ihr früheres Leben wieder fortzuführen, dort wieder zu beginnen, wo sie 1933 oder 1938 aufgehört hatten. Diese Auffassung entspricht indes nicht der wahren Situation.

Vor allen Dingen ist eine wesentliche Strukturwandlung eingetreten. Eine Generation ist infolge von gewaltsamen Maßnahmen fast vollkommen ausgestorben. In die Herzen der Überlebenden wurde Haß gesät.

Die Absicht, wieder jüdische Gemeinden in Europa oder irgendeinem überseeischen Lande zu bilden, in denen die jüdische Bevölkerung zwangsläufig eine Minorität darstellen muß, besteht nicht mehr. Immer mehr wird die jüdische Öffentlichkeit mit dem Gedanken vertraut, daß die Politik der Halbheiten nicht mehr fortgeführt werden darf. Alle Bestrebungen konzentrieren sich deshalb darauf, ein jüdisches Land, eine jüdische Heimat zu schaffen, in der Verfolgungen und Vertreibungen für alle Zukunft unmöglich sind. Die Existenz des Volkes muß einmal von Grund auf gesichert werden. Dies ist nur im eigenen Staatswesen möglich. Der zionistische Gedanke hat sich demgemäß in der jetzt lebenden Generation viel tiefer und intensiver durchgesetzt als Erkenntnis der einzig positiven Lösung der Judenfrage. Dementsprechend ist das Palästinaproblem in der letzten Zeit noch viel stärker in den Vordergrund getreten. Es heißt jetzt nicht mehr: auswandern um jeden Preis. Es heißt: nach Palästina auswandern, in das Land, das dem jüdischen Volke feierlichst als Heimstätte versprochen wurde. Gerade die letzten Vorfälle in Palästina beweisen nachdrücklichst aufs neue, daß die jüdische Bevölkerung des Landes sich gegen neuen Zuzug durchaus nicht wehrt, sondern ihn herbeiwünscht, da die Prosperität des Landes mit jedem Einwanderer wächst. Demgegenüber ist die amtliche britische Haltung von wirtschaftspolitischen Standpunkt aus gesehen ungerechtfertigt und unverständlich. Es mangelt darum auch weder in den Vereinigten Staaten noch auch in Großbritannien selbst an einsichtigen und verantwortungsbewußten Stimmen, die eine freie Einwanderung nach Palästina befürworten. Die Stellungnahme des Kongresses zu dieser Frage wird die Stimme des ganzen jüdischen Volkes vor der Weltöffentlichkeit repräsentieren.

Zu diesem im Vordergrund stehenden Problem gesellen sich jedoch noch eine Reihe weiterer, gewiß nicht minder bedeutungsvoller Erörterungen. Einen besonderen Platz wird die Diskussion um die Wiedergutmachung einnehmen, wobei der Kongreß die Forderung nach moralischer und materieller Rehabilitierung stellen dürfte.

Die Verbesserung der Lebensbedingungen für die augenblicklich als Displaced Persons (Verschleppte) in Deutschland lebenden Juden, die Vorbereitung zur Auswanderung durch Studienmöglichkeiten und berufliche Ausbildung werden gleichfalls zur Debatte stehen, ebenso wie Fragen der Jugenderziehung, Schule, Religion, Gesundheitswesen, Sozialfürsorge und Organisation.

Der Kongreß steht damit vor bedeutenden Aufgaben. Sachliche Berichte der Delegierten aus allen jüdischen Gemeinden und Lagern werden einen Überblick über die derzeitige Lage vermitteln. Anregungen und Ideen werden diskutiert und aufgegriffen werden. Die Namen der angemeldeten Teilnehmer und Gäste, jüdische Repräsentanten und führende Persönlichkeiten des politischen und diplomatischen Lebens unter ihnen, lassen erwarten, daß die Beratungen auf fruchtbaren Boden fallen und wegweisend sein werden für die künftige Entwicklung und Behandlung des jüdischen Problems in der ganzen Welt.

Der Kongreß als das jüdische Forum vor der Weltöffentlichkeit will nicht zuletzt aber auch seine Bereitwilligkeit zur Mitarbeit an der Entwicklung einer friedlichen Welt ausdrücken, in der jeder den ihm gebührenden Platz einnimmt, wo Recht, Arbeit, Pflichtgefühl und gegenseitige Duldung herrschen und gedeihen.

(Ernst Landau in: Süddeutsche Zeitung, 2. Jg., Nr. 8, 25. Januar 1946)

Die erste UNRRA.-Hochschule

Am 17. Februar wird hier im Deutschen Museum die erste Universität, die von der UNRRA. (United Nations Relief and Rehabilitation Administration = Vereinte Nationen Wohlfahrts- und Wiedergutmachungsorgan.) in Deutschland für ihre Schutzbefohlenen geschaffen worden ist, eröffnet werden. Aufgaben und Ziele dieser Universität lenken die Aufmerksamkeit auf die Arbeit der UNRRA. in der US.-Zone Deutschlands sowie auf ihre Leistungen und Pläne als große Welthilfeorganisation.

An der neuen UNRRA.-Universität im Deutschen Museum haben sich bisher 700 DP's (Displaced Persons = Zwangsverschleppte) für Vorlesungen in Maschinenbau, in Wirtschaftskunde und Nationalgeschichte eingeschrieben. Die Professoren und Studenten gehören 13 verschiedenen Nationen an. Die Leitung der Universität hat Frau Halina Gaszynska. Im Laufe des ersten Semester soll die Zahl der Professoren auf 200, die der Studenten auf 1500 erhöht und der Unterricht durch medizinische, philosophische und juristische Vorlesungen vervollständigt werden. Den Professoren stehen die Bibliotheken des Deutschen Museums, der Technischen Hochschule und des Münchner Rathauses zur Verfügung. Für die Studenten richtet die UNRRA. in der Universität eine Bücherei ein. Das erste Semester wird drei Monate dauern, die Vorlesungen werden in deutscher Sprache gehalten werden. 300 Studenten werden demnächst in der Universität selbst untergebracht und verpflegt werden.

Am 31. Dezember 1945 sorgten 224 Büros der UNRRA. in der US.-Zone für 345 886 DP's, von denen sich ein Drittel im Gebiet der dritten, zwei Drittel in dem der siebenten amerikanischen Armee aufhalten. Sie beschäftigen 1700 Angestellte, außerdem arbeiten 400 UNRRA.-Angestellte und 155 Angehörige freiwilliger Hilfsorganisationen in den Bezirks- und Zonenhauptquartieren. Um die wachsende Verwaltungs- und Organisationsarbeit zu bewältigen, fehlen der UNRRA. mindestens weitere 500 Arbeitskräfte. Die Arbeit des Gesamtpersonals, das zu 31,3 v. H. aus amerikanischen, zu 19,9 v. H. aus britischen, zu 17 v. H. aus französischen, zu 10. v. H. aus belgischen, zu 8,3 v. H. aus holländischen Staatsangehörigen und zu 13,6 v. H. aus Angehörigen verschiedener Nationen zusammengesetzt ist, wird durch die Sprachschwierigkeiten und durch einen ständigen Personalwechsel behindert.

Die UNRRA. wird in ihrer Arbeit in großem Ausmaß von der amerikanischen Besetzungsarmee unterstützt, die es übernommen hat, die Lager der Zwangsverschleppten mit Lebensmitteln, Kleidung und sanitären Einrichtungsgegenständen zu versorgen. Die UNRRA. übernimmt dann ihre Verteilung. Obgleich die amerikanische Armee 1500 Lastautos und Ambulanzwagen zur Verfügung gestellt hat, und die UNRRA. über ungefähr 400 eigene Lastwagen und 650 beschlagnahmte Personenwagen verfügt, kann der Gütertransport noch nicht immer reibungslos und gleichmäßig abgewickelt werden, und auch die Aufsicht über die Lager ist noch nicht zufriedenstellend.

Außer der Versorgung mit Lebensmitteln ist die dringlichste Aufgabe der UNRRA., jeden DP auf seinen Gesundheitszustand hin zu überwachen. In eigenen Krankenhäusern, Ambulanzen und Laboratorien werden kranke, schwache und alte Menschen untersucht und behandelt. Besonderes Augenmerk haben die Ärzte auf Tuberkulose, Infektionskrankheiten, Epidemien und auf die Bekämpfung des Ungeziefers. Drei UNRRA.-Büros arbeiten an der Kinderfürsorge; sie richten auch Schulen ein und besorgen Lehrmittel. Familien mit Kindern werden in Wohnungen untergebracht; Jugendliche, die ihre Eltern verloren haben, finden in besonderen Heimen Aufnahme.

Weiterhin ist es notwendig, für alle arbeitsfähigen DP's eine nützliche Beschäftigung zu finden.

In Deutschland sind der UNRRA. auch Mitglieder freiwilliger Hilfsorganisationen des Auslandes unterstellt, die den Angehörigen der einzelnen Länder noch zusätzlich Spenden übermitteln. Zu diesen gehören das Polnische Rote Kreuz, die amerikanisch-polnische Kriegsfürsorgevereinigung; die Nationale Katholische Wohlfahrtskonferenz; das amerikanische Freundschaftsdienst-Komitee; das amerikanisch-jüdische Komitee ‚Joint' und die Jüdische Agentur in Palästina. Die UNRRA. bezeichnet die Arbeit dieser Hilfswerke als besonders wertvoll und, wie sich im Laufe der letzten Monate erwiesen hat, unerläßlich. Die UNRRA. hat eine Hauptsuchstelle für vermißte DP's in Deutschland eingerichtet. Ein Zentralsuchausschuß in Berlin, der mit den Suchstellen aller europäischen Länder in Verbindung steht, erteilt Anweisungen für die Arbeit der Zonenfahndungsstellen.

Die Hauptaufgabe der UNRRA. in allen Ländern ist, die Notleidenden zu unterstützen und die durch den faschistischen Terror verursachten Schäden nach Tunlichkeit wieder gutzumachen. Sie hilft den befreiten Ländern – durch Lieferung von Rohmaterial und landwirtschaftlichen Maschinen und Geräten –, ihre Industrien wieder in Gang zu setzen und ihre Landwirtschaft zu intensivieren. Die UNRRA. wurde 18 Monate vor dem deutschen Zusammenbruch als weltumspannende Hilfs- und Wiedergutmachungsorganisation durch eine internationale Übereinkunft von 47 Nationen gegründet. Präsident der UNRRA. ist Herbert H. Lehmann, ihr Hauptquartier befindet sich in Washington, das europäische Büro in London, das des ‚Pazifischen Kommandos' in Sidney, ein weiteres Büro in Kairo. Im Verwaltungsstab der UNRRA. sind 10 000 Männer und Frauen aus 24 Nationen beschäftigt. Die 47 Mitgliedernationen sind übereingekommen, dem Hilfswerk ein Prozent ihres Nationaleinkommens zur Verfügung zu stellen. Amerika hat bisher 337,5 Millionen Pfund gezahlt und weiter über 1 Million Dollar zugesagt. England hat bisher 8 Millionen, Indien 6 Millionen Pfund beigesteuert. Ende 1945 betrug das Vermögen der UNRRA. 450 Millionen Pfund; 400 Millionen sind bereits verbraucht worden. Die Weiterarbeit der UNRRA. ist durch die Bewilligung weiterer Gelder gewährleistet.

(Die Neue Zeitung, Jg. 2, Nr. 13, 15. Februar 1946)

Abbildung Seite 66:
Jüdische Feierlichkeiten in Bad Reichenhall,
23. Januar 1948

Erster Kongreß des Verbandes der befreiten Juden im Münchner Rathaussaal, 27. Januar 1946

Zweiter Kongreß des Verbandes der befreiten Juden der US-Zone in Bad Reichenhall, 27. Februar 1947

Oben und unten: Erster Kongreß des Verbandes der befreiten Juden im Münchner Rathaussaal, 27. Januar 1946

Gedenkveranstaltung im ehemaligen Konzentrationslager Dachau, 2. April 1948

Enthüllung eines Gedenksteins für die Opfer des Konzentrationslagers Dachau, 28. April 1946

Gedenkveranstaltungen 73

Gedenkfeier zum Jahrestag des Aufstandes der Juden im Warschauer Ghetto im Prinzregententheater, München, 18. April 1946

Enthüllung eines Gedenksteins für die 11000 in Konzentrationslagern ermordeten Münchner Juden im jüdischen Friedhof an der Ungererstraße, 10. November 1946

Besuch des Oberrabbiners Dr. Isaac Herzog aus Jerusalem beim Zentralkomitee der befreiten Juden in München, Möhlstraße, Juni 1946

Der Suchdienst des Zentralkomitees der befreiten Juden in der Siebertstraße 3, München, Juni 1946

Hebräischunterricht in der Volksschule des Münchner Zentralkomitees der befreiten Juden, Juni 1946

Einweihung der neuen Synagoge in der Reichenbachstraße, München, 20. Mai 1947

Jüdische Lagerleitung Landsberg, 1946

Verteilung von Menoren, den siebenarmigen Leuchtern, durch die Vaad Hatzala, Dezember 1947

Gottesdienst im jüdischen DP-Lager Landsberg, 1946

Polizei im jüdischen DP-Lager Freimann, 1946

Kleiderkammer der Vaad Hatzala in Garmisch, November 1947

Oben und unten: Das jüdische DP-Lager Landsberg, 1946

Jüdische DP-Lager 81

Oben und unten: Leben in einem jüdischen DP-Lager, 1946

82   Displaced Persons

Das jüdische DP-Lager Leipheim, 1946

Kinderheim der Vaad Hatzala in Wasserburg, Juni 1947

Jüdische DP-Lager **83**

Im jüdischen DP-Lager Leipheim, 1946

Kinder in einem jüdischen DP-Lager, 1946

Hebräischunterricht für Erwachsene bei der Vaad Hatzala in Nürnberg, Juni 1947

Verteilung von Pessach-Paketen durch die Vaad Hatzala, April 1948

Hilfsorganisationen 85

Eröffnung der jüdischen Gartenbauschule in Dorfen, 4. Mai 1946

Oben und unten: Ausbildung von Zahntechnikern und Mechanikern in der O.R.T.-Schule in Rosenheim, April 1948

Schuster in einem jüdischen Lager, 1946

Nähunterricht an der O.R.T.-Schule in Rosenheim, April 1948

Ausstellung der Produktion aller jüdischen Fachschulen in der amerikanischen Besatzungszone, München, Oktober 1946

Hilfsorganisationen / Ausbildung 89

Ausstellung der O.R.T.-Schulen in der US-Zone in der Galerie im Lenbachhaus, München, 5. Februar 1948

Sportfest im Lager Föhrenwald bei Wolfratshausen, Juni 1946

Jüdische Leichtathletik-Meisterschaften in Bad Reichenhall, 3. Oktober 1947

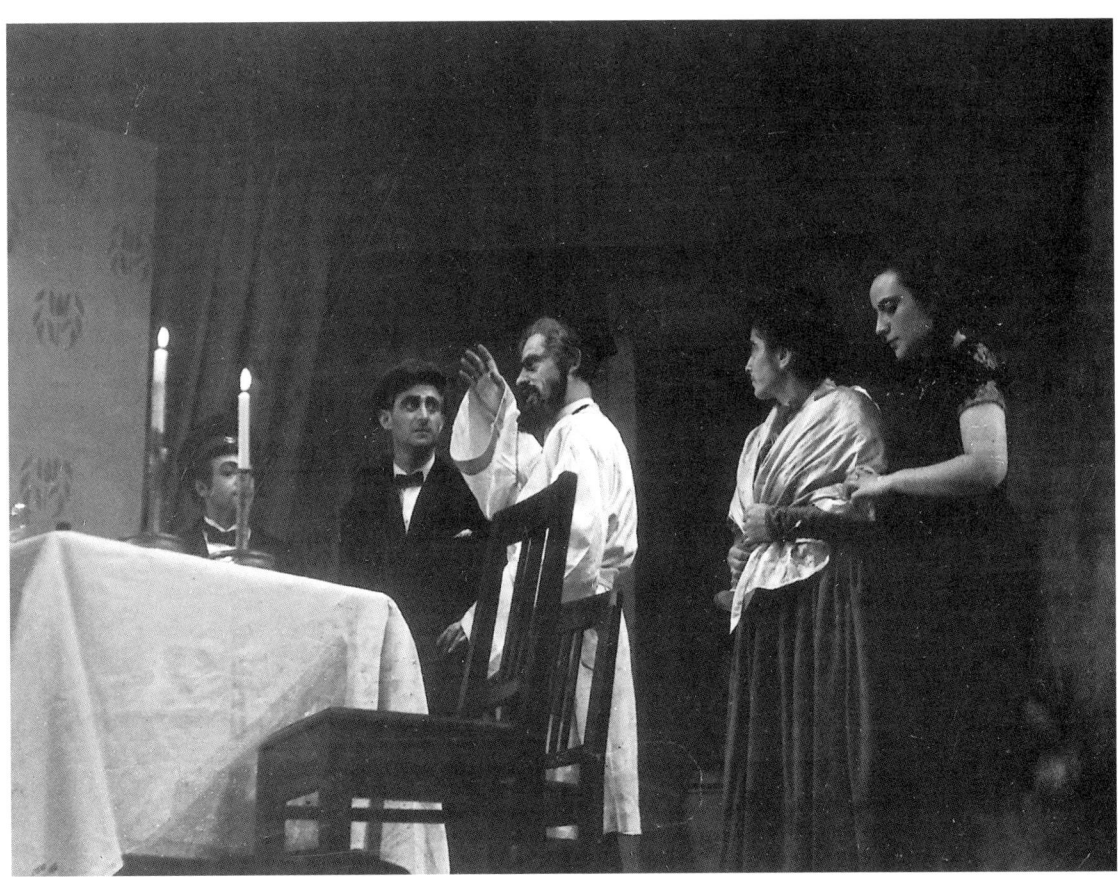

‚Der blutige Spaß' von Scholem Aleichem, Aufführung des Münchner jüdischen Kunsttheaters im Prinzregententheater, August 1946

Aufführung der Musikalischen Jüdischen Kleinkunstbühne, Lyra-Theater, München, Juni 1946

Erste offizielle Ausreise jüdischer DPs nach Israel vom Güterbahnhof der Funkkaserne, München, 13. Juli 1948

Abreise jüdischer DPs nach Paris vom Münchner Hauptbahnhof, 20. August 1948

Großveranstaltung anläßlich der Gründung des Staates Israel mit Vertretern aller jüdischen Verbände und Organisationen der US-Zone im Prinzregententheater, München, 15. Mai 1948

Ukrainisches Konzert in der Aula der Münchner Universität im Rahmen der ukrainischen Kulturwoche, 7. April 1948

Zeltlager ukrainischer DPs, Mai 1947

Cowboy-Show im ukrainischen DP-Lager in Augsburg, September 1946

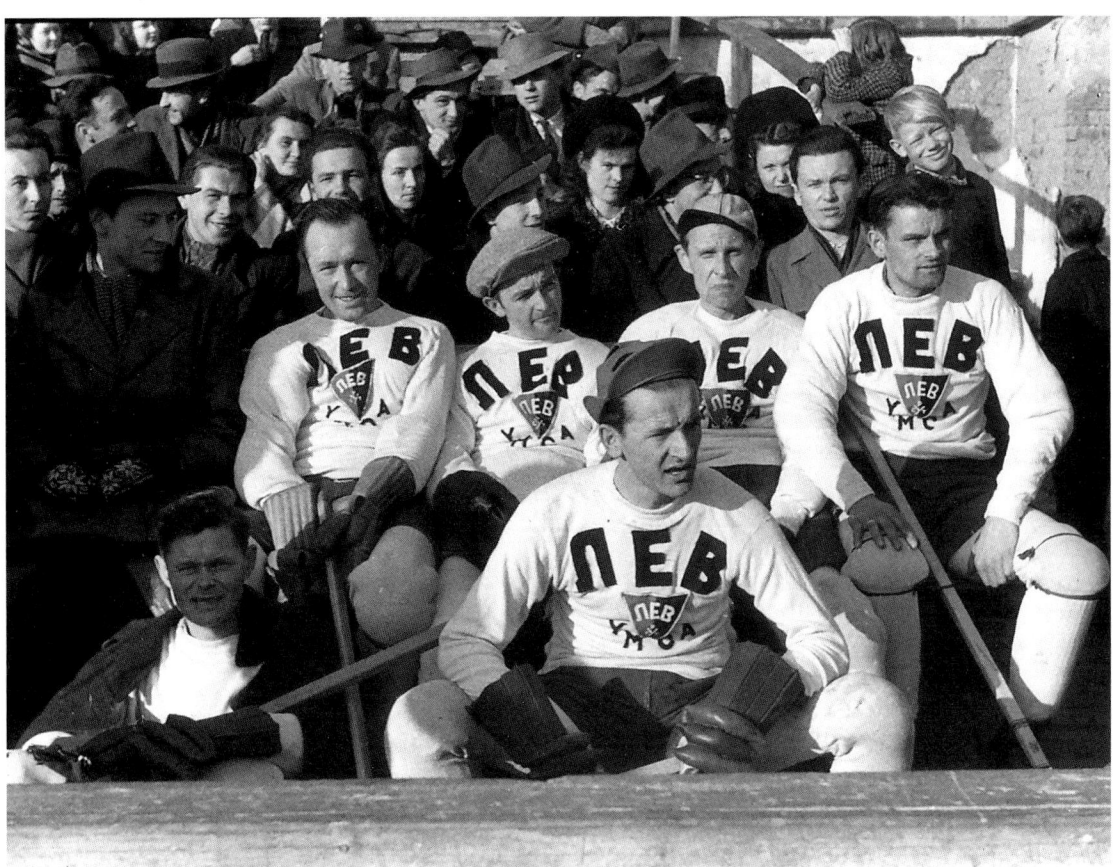
Eishockeyspiel von Ukrainern im Prinzregentenstadion, München, 3. März 1948

Ukrainische Schwimmwettkämpfe im Müllerschen Volksbad, München, 11. September 1947

Ukrainische DPs / Sport

Ukrainische Basketball-Wettkämpfe in Augsburg, 9. Oktober 1947

Besuch eines ukrainischen Bischofs in Berchtesgaden, 4. Mai 1948

Eröffnung der ukrainischen Kulturwoche in der ‚Neuen Sammlung' durch Militärgouverneur van Wagoner, München, 5. April 1948

Selbstdarstellung ukrainischer DPs auf einer Ausstellung, 17. Oktober 1947

Leben in Trümmern

Mein Wunschzettel

Jeder Leser und Mensch sollte sich heute einmal allen Ernstes die Frage vorlegen, was er sich erbitten würde, wenn er, wie im Märchen, drei Wünsche frei hätte. Die Antwort ist bekanntlich gar nicht leicht. Ehe man sich's versieht, hat man sich etwas Dummes gewünscht, und schon sitzt die Frau daheim auf dem Sattel und kann nicht herunter oder hat die Wurst an der Nase.
Ohne Zweifel läßt die gegenwärtige Weltlage noch recht viel zu wünschen übrig, und wenn es nach mir ginge, so gehörte auf den Wunschzettel der leidenden Menschheit außer der Abschaffung der Sklaverei die schleunige Einführung eines Welt-Levitations-Amtes. Was das ist? Es ist meine Erfindung, und ich wundere mich, daß es diese notwendige Einrichtung nicht längst schon gibt. Jedes Land, jede Stadt sollte sein Levitations-Amt besitzen, dessen Beamte sich in ihren Dienststunden ausschließlich der Frage zu widmen haben, wie man den Menschen das Leben möglichst leicht machen kann. Ich fürchte, es wird dazu ein sehr großer Stab von Beamten nötig sein, und sie werden auf Jahre hinaus sehr, sehr viel zu tun haben.
Was mich selbst betrifft, so habe ich im Augenblick natürlich nur einen großen Wunsch, nämlich den, daß unser lieber Sohn aus der Kriegsgefangenschaft wohlbehalten zurückkehren möge, womöglich zum Weihnachtsabend. Er hat es redlich verdient. Ich glaube, es dürfte nur wenige Menschen geben, die, wie er, so unschuldig an dem Unglück sind, das die Welt heimgesucht hat, und nicht viele, die, wie er, das Mißgeschick so gelassen zu tragen wissen.
Doch nicht die großen Wünsche sind es, von denen ich heute sprechen will, ich meine die lieben, kleinen, alltäglichen geheimen Wünsche, bei denen man sich alle Augenblicke ertappt. Wie die Mäuslein kommen sie aus den Wunschwinkeln des Herzens. Aber schon sitzt der Kater Unerfüllbar davor. Schwupp hat er die armen Wunschmäuslein verschluckt mit Haut und Haar. Ich lasse mich dadurch nicht einschüchtern. Ich darf mir ja schließlich wünschen, was ich mag.
Ach, ich weiß wohl, es ist keine Zeit zum Scherzen, da viele tausende Entsiedelte keine andere Bitte haben, als um ein Stückchen Brot oder um warme Füße und mancher sich wünscht: „Ich wollte, ich wäre tot!" Und dennoch um der Wahrheit willen: Ich habe mich heute nacht auf einem Wunsch ertappt, nach etwas ziemlich Überflüssigem, aber Knusperigem, dem Wunsch nach Freiburger Brezeln! Ich schäme mich nicht, es hinzuschreiben, denn ich weiß, auch die Leser dieser Zeilen haben solche plötzlichen Wünsche und Gelüste, zum Beispiel nach Zitronen oder nach Quittenwürstchen oder nach Mokka, nach Honig, nach Oliven, Austern, pommerscher Gänsebrust, geräucherten Aalen, Whisky und so weiter.
Aber leider gibt es noch andere erschrecklich nüchterne Wünsche. Sollte man's glauben, daß heute das Dasein eines erwachsenen, ernsthaften Menschen (ja sogar die Literaturgeschichte!) von einem lumpigen Stück Blech abhängen kann? Daß eines weltfremden Künstlers ganzes Sehnen, Wünschen und Begehren beispielsweise auf ein Ofenrohr gerichtet ist? Und daß er es umarmt und streichelt, als wär's ein fühlendes Geschöpf?

Ich habe noch einen sehnlichen Wunsch: das Recht auf Einsamkeit. Das ist meiner Meinung nach eines der großen Menschenrechte, das ich in den Programmen der Parteien leider vergeblich suche. Ich denke dabei an ein sehr bescheidenes, sehr tapferes, sehr winziges Häuschen, etwa in Schwabing, das, mehrmals defenstriert und tüchtig durcheinandergerüttelt, leidlich wohnbar die Bombengewitter überstanden hat. Und nun scheint es auserkoren, ganz allein die Flüchtlingsfrage lösen zu sollen, scheint zum Obdach für Zehntausende ausersehen, als könnte es wachsen wie die Spielzeughäuschen im armen Reinhold. Gewiß, es ist allerliebst, das Häuschen – ich kenne es beiläufig, es ist urbehaglich. Aber ich bezweifle, ob es das auch ist, wenn zehntausend.... Sage nicht, zorniger Leser, daß das Recht auf Einsamkeit unsozial sei. Und wenn, so ist der Wunsch nach Allein-sein-dürfen doch ein sehr menschlicher Wunsch, menschlich wie das Heimweh nach geliebten hundertjährigen Möbeln, nach einem bezaubernden blonden Zimmer, das in Feuer und Rauch aufging mit allen Bildern der Erinnerung. Gibt es einen Möbelhimmel? Ein Paradies für hienieden uns liebgewordene Dinge, gibt es Asphodelos-Bücher-Wiesen? Auch diesen kürzlich geäußerten Wunsch eines Münchners kann ich verstehen: „Ich wünsch mir zum Christkindl eine neue Trambahn!" Doch ich fürchte, was das alles betrifft, da werden wir mit dem Ofenrohr ins Gebirg schauen.
Ich habe noch ein paar heimliche Wünsche. Aber die verrate ich nicht.

(Ernst Penzoldt in: Süddeutsche Zeitung, Jg. 1, Nr. 23, 21. Dezember 1945)

Kinder suchen ihre Eltern

Zu den kopernikanischen Errungenschaften des totalen Kriegs gehört es, die Zivilbevölkerung, als sei sie eine Armee, mobilisierbar und transportabel gemacht zu haben. Man entleert, auf ein einziges Kommando hin, ganze Großstädte. Man evakuiert, mit einem Federstrich, dichtbesiedelte Provinzen. Man importiert, per sofort, Millionen Ausländer. Man exportiert hunderttausend „Wehrbauern" nebst Familie. Man führt heim. Man siedelt an. Man siedelt um. Man verschickt Schulen. Man bewegt Kinderheime. Man verpflanzt Industrien. Man verlegt Ministerien. Man tut das so lange, bis kein Mensch, das kleinste Baby inbegriffen, mehr weiß, wo er eigentlich hingehört. Die Zivilisten sind, von Möbeln, Wäsche und ähnlichem Ballast befreit, zu Paketen geworden, die man fahrplanmäßig verschicken, umleiten und anhalten kann.
Nur auf eines muß man dabei sorgfältig achten: daß man diesen totalen Krieg gewinnt! Verliert man ihn nämlich und gibt das auch noch, obwohl man es ‚höheren Orts' längst weiß, nicht zu, sondern sucht es bis fünf Minuten nach Zwölf krampfhaft zu verbergen, dann wird es fürchterlich. Dann mischen sich die fliehenden Heere mit den zivilen Rücktransporten zu einem unentwirrbaren Knäuel.

Dann laufen Kriegsschiffe, vollgestopft mit sterbenden und gebärenden Müttern und verdurstenden Kindern, in der Ostsee auf Minen. Dann fliegen fehlgeleitete Züge in die Luft. Dann verenden Trecks in Schneeverwehungen. Dann erfrieren Neugeborene in offenen Güterwagen, und man muß die kleinen Leichen während der Fahrt aus dem Zug werfen.

Vor mehr als einem Jahr ging das „totale" Staatsschiff unter. Auf den Wogen der stürmischen Gegenwart treiben noch immer die Wracks. An Blaken, ja an Strohhalme geklammert, kämpfen noch immer Schiffbrüchige ums bare Leben. Immer noch hört man, von allen Seiten, verzweifelte Hilferufe. Es sind viele, viele Kinderstimmen darunter...

Allein beim Bayerischen Roten Kreuz zählte man, am 17. Mai 1946 als Stichtag, 15 795 elternlose Kinder. Die knappe Hälfte im Alter zwischen drei und sechs Jahren. Ein Fünftel, also mehr als 3000, Ein- und Zweijährige. Viele wurden, im Laufe der letzten Monate, in private Pflege gegeben. Ein großer Teil befindet sich noch in Heimen, das heißt in für solche Zwecke umgewandelten Schulen, Krankenhäusern, Waisenhäusern und Klöstern. Manche der Kinder warten hier nur noch darauf, daß sie vom Vater oder der Mutter, die sich beim Suchdienst gemeldet haben, abgeholt werden. Andere sind mittlerweile bereits heimgebracht worden.

Wie viele aber werden nie mehr 'heimgeholt' werden können? Es sind Findlinge darunter, die ihren Namen, ja ihren Vornamen nicht wissen, geschweige den Ort der Herkunft. Bei dem Amt für verlegte Schulen in München gibt es eine Liste von mehr als 900 auslandsdeutschen Kindern, deren Väter und Mütter nicht ausfindig gemacht werden konnten. Viele Eltern werden, muß man fürchten, verschollen bleiben.

Außerdem befinden sich natürlich auch nichtdeutsche Kinder, die vorübergehend oder für immer Waisen geworden sind, bei uns. Die UNRRA hatte, bis zum Januar, 6000 solcher Kinder in Heimen aufgefangen.

Kinder suchen ihre Eltern. Eltern fahnden nach ihren Kindern. Der Suchdienst arbeitet fieberhaft. Und so gut er es vermag. Doch die Aufteilung Deutschlands in vier Zonen erschwert nicht nur die Lösung wirtschaftlicher und politischer Probleme. Sie hemmt automatisch auch die Beantwortung der brennendsten Frage unserer fragwürdigen Tage: die Frage Tausender von Kindern nach ihren Eltern!

Ein paar Beispiele. Denn was besagen Ziffern, wenn man daran denkt, daß sich hinter jeder Ziffer ein lebendiges Kind verbirgt? Da fanden, vor mehr als einem Jahr, deutsche Soldaten auf dem Rückzug in einem Stall ein zerlumptes kleines Mädchen. Sie nahmen es mit und gaben es in Augsburg ab. Heute ist es etwa drei Jahre alt. Etwa. Mehr weiß man nicht. Name? Vorname? Vater? Mutter? Woher? Nichts ist bekannt. Nichts, gar nichts. Man hat das Kind „Bärbel" genannt. Sie hat sich an den Namen gewöhnt. Als man sie fand, konnte sie noch nicht sprechen. Wenn man sie heute fragt – denn man sucht ja nach Anhaltspunkten, um ihr heimzuhelfen, falls es irgendwo auf der Welt noch ein Heim für sie geben sollte –, wenn man sie fragt, wie die Mutter ausgesehen hätte, antwortet sie zögernd: „Sie hatte ein schönes Kleid an..."

Ein anderer Fall, ein anderes kleines Mädchen. Auch ein Findling. Man fragt sie, neben vielem anderen, was für Haare die Mutter hatte. „Rote Haare." „Und dein Vater?" „Auch rote Haare." „Habt ihr zu Hause Tiere gehabt?" „Ja. Einen kleinen Hund, eine Miezekatze und ein Christkind."

Weiter. Ein Mädchen, sechs Jahre alt, fand man, neben einem großen Rucksack mit Wäsche und Kleidern, irgendwo in der Eisenbahn. Der Vater ist tot. Die Mutter floh mit dem Kind. Und dann? Wo ist deine Mutter? „Auf einem Bahnhof hielt der Zug, und Mutti wollte Brot und Tee holen. Auf einmal fuhr der Zug los und..." Das sind vier kleine Beispiele. Beispiele für den Fortschritt der Menschheit, die sich rühmen kann, den totalen Krieg erfunden zu haben. Beliebige Beispiele, die jedem beliebigen Leser das Herz im Leibe umdrehen. Beispiele, die keiner vergessen sollte. Die Vergeßlichkeit ist kein Fehler, sondern eine Sünde. Und es sind Beispiele, die uns anzeigen, wo Hilfe nottut!

Die Beispiele stammen aus der bei Rowohlt in Stuttgart erscheinenden Jugendzeitschrift 'Pinguin'. Der 'Pinguin' bringt in jedem Heft eine Doppelseite unter der Überschrift „Verlorene Kinder". Auf diesen Doppelseiten sind Photos zu sehen. Bilder von elternlosen Kindern. Und soweit Anhaltspunkte vorhanden sind, hat man sie im Text angemerkt. Die Photographien sind wichtig. Besonders bei Findlingen. Eltern oder weitläufigere Verwandte oder Bekannte können vielleicht das eine oder andere Kind erkennen, den Suchdienst der Zonenzentrale des Bayerischen Roten Kreuzes verständigen und so das namenlose Wesen heimführen. Einige Male ist das schon geglückt! Oder es kommen Briefe kinderlos gewordener Mütter, die sich zu diesem oder jenem Bilde hingezogen fühlen und darum bitten, Bärbel oder Hans oder Katrin an Kindes Statt annehmen zu dürfen, falls sich eines Tages ausweisen sollte, daß sie für immer elternlos bleiben werden.

Auch sonst geschieht manches. In Hamburg erscheint eine Zeitung mit den Listen der in der englischen Zone gesammelten elternlosen Kinder. Die Zeitung wird in 25 000 Exemplaren gedruckt und an alle Gemeinden verteilt. Aber es geschieht nicht genug. Wie könnte auch, Kindern gegenüber, genug geschehen? Könnten die Menschen, die immer wieder eine so ausgetüftelte, so glänzend funktionierende Organisation aufbringen, um Länder und Familien zu zerstören, ihre Gabe nicht auch einmal in den Dienst einer besseren Sache stellen? In den Dienst der besten Sache?

Denn vieles liegt im Argen. Frauen, die ein Kind adoptieren wollen, bekommen mitgeteilt, es gäbe im Zuständigkeitsbereich keine elternlosen Kinder mehr. Und dann müssen diese Frauen feststellen, daß der Bescheid nicht stimmt! Oder ihr Gesuch wird abschlägig beschieden, weil sie irgendwelche Bedingungen des Bürgerlichen Gesetzbuches nicht erfüllen, zum Beispiel weil sie noch nicht fünfzig Jahre alt sind! In diesem Punkte hat wenigstens die Landesverwaltung Sachsen etwas getan: Sie hat durch eine Rundverfügung (Nr. 54, vom 20.1.46) diesen Zopf des alten BGB abgeschnitten!

Ein ganz anderer Fall: Ein aus der Kriegsgefangenschaft heimkehrender Mann hat das Glück, zu erfahren, wo sich seine evakuierten Kinder befinden. Er will sie holen. Aber man verweigert ihm für die Kleinen die Zuzugsgenehmigung; und es braucht ermüdenden, langwierigen Ämterbesuch, bis er endlich die Erlaubnis erhält und sich nun auf den Weg machen kann und darf, seine Kinder zu holen!

Zehntausende von Kindern. Hundertfache Fragen. Vier Zonen. Ein einziger Wunsch. Und ich wiederhole: Könnten die Menschen ihr Organisationstalent nicht auch einmal in den Dienst der besten Sache stellen? Es wäre an der Zeit!

(Erich Kästner in: Die Neue Zeitung, Jg. 2, Nr. 48, Feuilleton- und Kunst-Beilage, 17. Juni 1946)

Abbildung Seite 100:
Artisten – Vater und Sohn Burton – zeigen zwischen Trümmern einen ‚Balance-Akt in 8 Posen', München, 1946

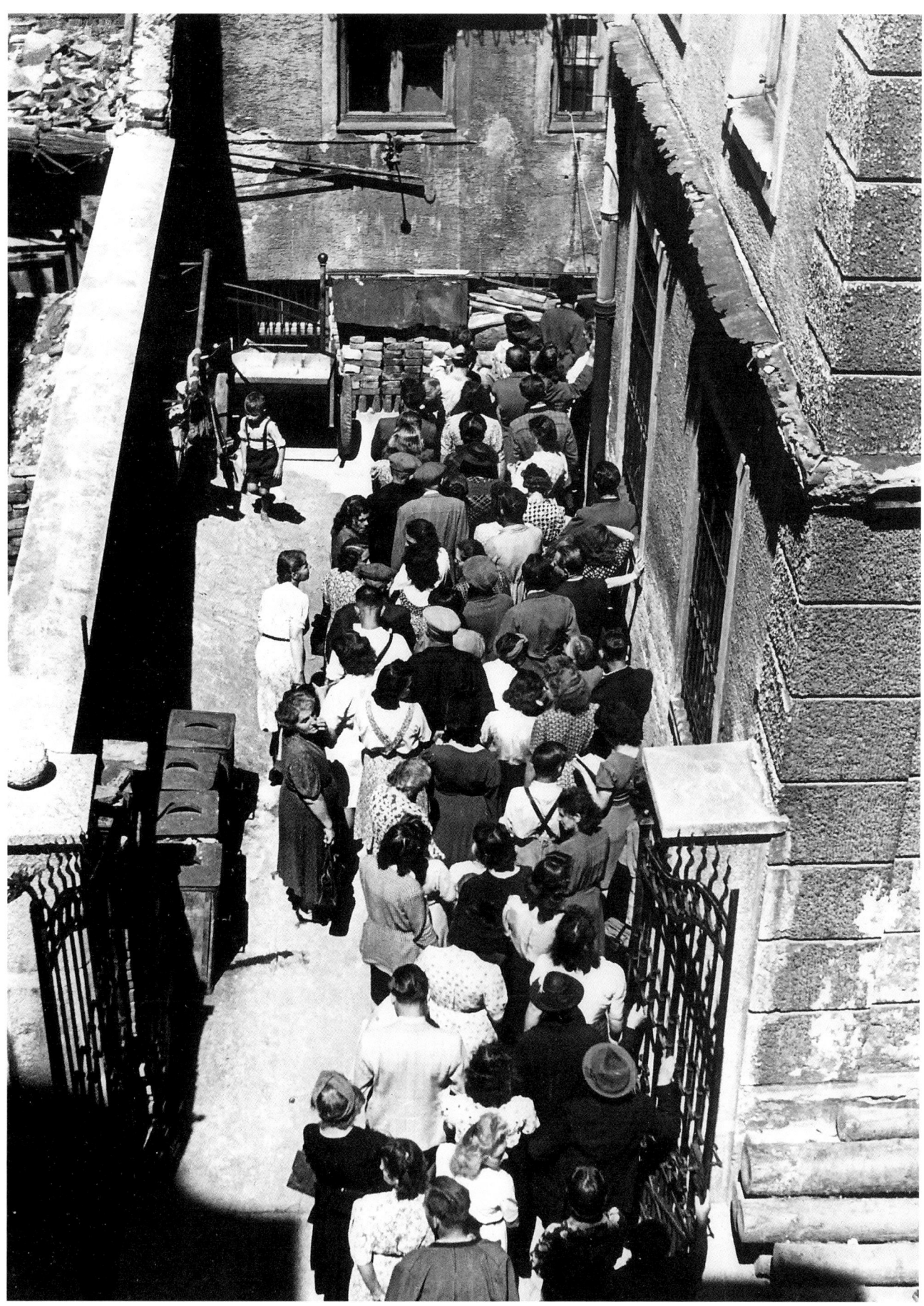

Warteschlange vor der Ausgabestelle für Lebensmittelkarten, München, Juli 1946

Essensuche auf einer Müllhalde, München, März 1947

Jungen beim ‚Kippensammeln' in einem Sportstadion, München, August 1947

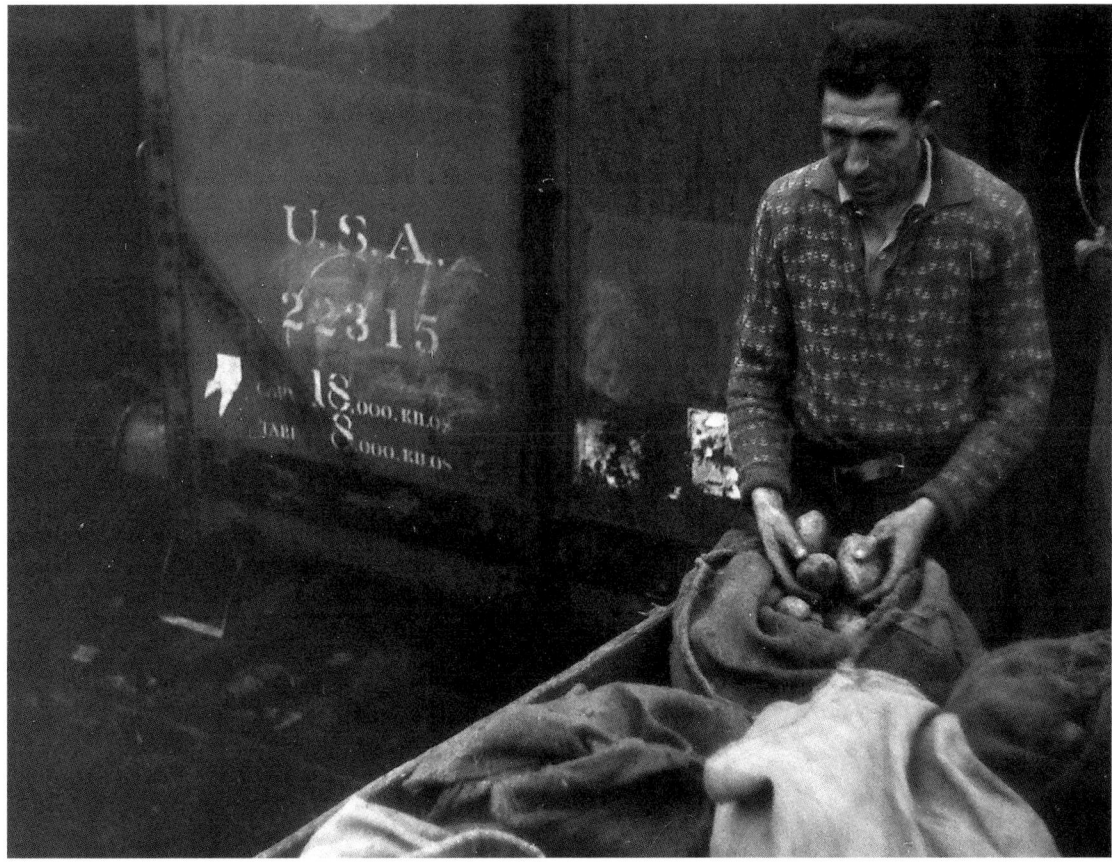
Entladen eines Hilfstransports mit Kartoffeln aus amerikanischen Güterwaggons in Parsdorf, November 1946

Verteilungsstelle für ‚Care'-Pakete in der Landwehrstraße 9, München, Oktober 1946

Essensausgabeschalter der Katholischen Bahnhofsmission, München, Juni 1947

Gouverneur van Wagoner und Landwirtschaftsminister Schlögl pflanzen Kartoffeln, 19. Mai 1949

Bäckerladen, München, Juli 1946

Gemüseanbau auf einem Ruinendach, München, Juli 1946

Kinderspeisung bei der Arbeiterwohlfahrt in München-Laim, Juli 1946

Mahlzeit aus Brot und Kartoffeln, Januar 1948

Lebensmittellager in einem Seitenflügel von Schloß Nymphenburg, München, Oktober 1946

110 Leben in Trümmern

Protestversammlung des Gewerkschaftsbundes auf dem Königsplatz in München gegen die schlechte Ernährungslage, 23. Januar 1948

Ein Stück Kuchen auf Fett- und Zuckerkarte, Oktober 1946

Mangel 111

Einkauf mit Lebensmittelmarken, 1946

112 Leben in Trümmern

Wohnungsnot, November 1946

Leben in Trümmern **113**

Zuschauer beim Schäfflertanz in München, Februar 1949

Notunterkünfte in München, März 1947

Ansicht von Mittenwald, 1945

Oben und unten: Notunterkünfte in München, 1946

116 Leben in Trümmern

Haus mit fehlender Außenwand, München, 1946

Küche ohne Außenwand, München, 1946

Freischwebende Treppe, München, 1946

Wohnen in Ruinen, München, 1946

Holzsammlerin, 1946

118   Leben in Trümmern

Kriegsheimkehrer, 1946

Kriegsheimkehrer, 1946

Kriegsheimkehrer, 1948

120 Leben in Trümmern

Kriegsheimkehrer, 1946

Kriegsheimkehrer, 1946

Kriegsheimkehrer, 1946

Aushang von Todeserklärungen, München, Juni 1949

Kriegsheimkehrer · Vermißte · Erbe des Krieges **121**

Kinder-Suchdienst der Zonenzentrale in der Infanteriestraße, München, März 1949

Bunker-Hotel City im ehemaligen Luftschutzbunker an der Hotterstraße, München, Juli 1947

Filmplakat ‚Todesmühlen' am Luitpoldtheater, München, 1946

Gedenktafel für Opfer der NS-Zeit im Garten des Wittelsbacher Palais, München, 1946

Umbau des ehemaligen Gestapo-Gefängnisses zum Firmengebäude der Großhandelsfirma Erwin Müller & Co, München, Oktober 1946

Graffito im ehemaligen Gestapo-Gefängnis, München, Oktober 1946

Flüchtlinge am Münchner Hauptbahnhof, Juli 1946

Lageralltag im Flüchtlingslager Dachau, 1946

Flüchtlinge aus der Tschechoslowakei auf dem Gelände der Funkkaserne, Domagkstraße, München, Mai 1946

126 Leben in Trümmern

Rückführung norddeutscher Evakuierter, München, Mai 1947

Abschied der letzten von 1400 Kindern, die während der Berliner Blockade nach Bayern evakuiert worden waren, München, 29. August 1949

Evakuiertes Kind vor der Heimreise, München, Mai 1947

Ehrenpräsident Karl Scharnagl bei einer Einsatzübung des Bayerischen Roten Kreuzes auf der Theresienhöhe, München, 8. September 1946

Rückkehr des Alltags 129

Freibierausschank beim „Rama dama" in München, 29. Oktober 1949

Graphiker und Plakatmaler Rabenauer am Sendlinger-Tor-Platz, München, Februar 1949

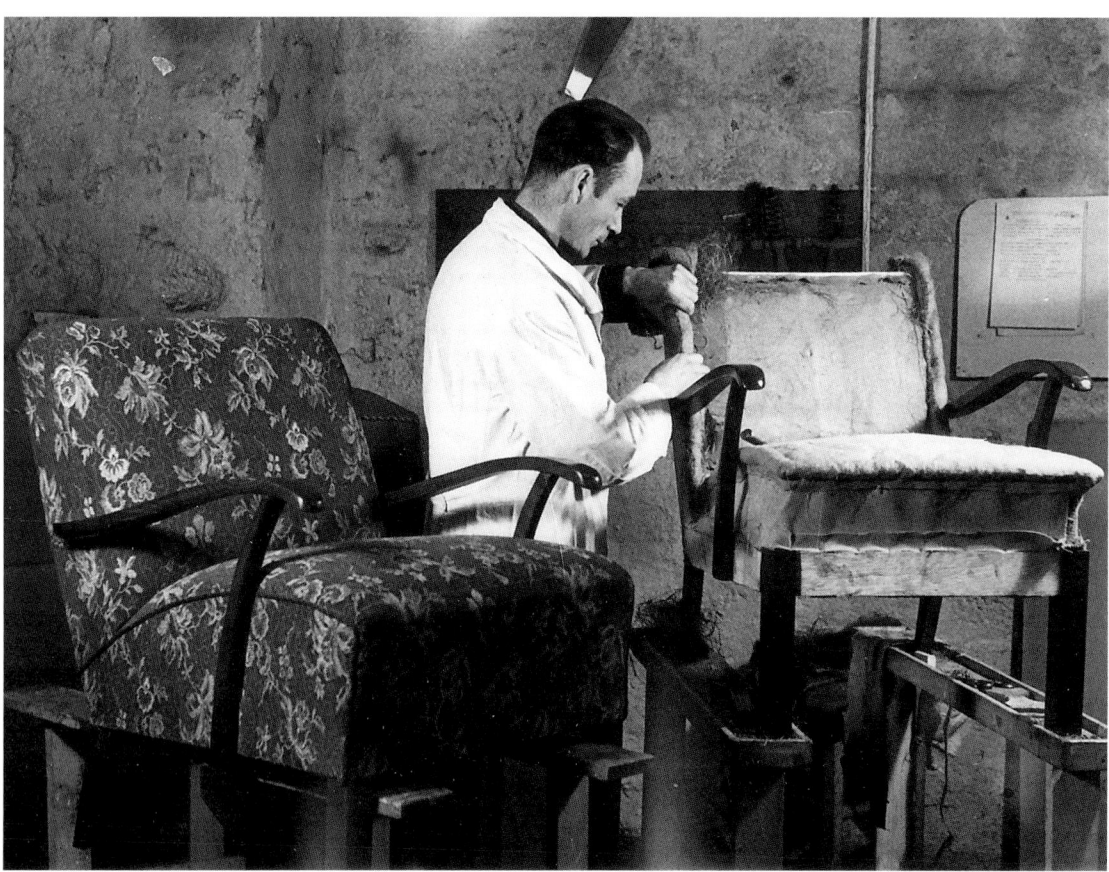
Wohnkultur der Nachkriegszeit: Polstermöbel der Firma Niebler, München, Februar 1947

Arbeiten in Trümmern: Kamin eines Büros im erhaltenen Keller einer Ruine, München, November 1946

Fahrrad-Reparaturwerkstatt, München, Juli 1946

Schlafender Dienstmann, München, August 1949

Überfüllte Trambahn, München, August 1946

Rückkehr des Alltags 133

Verkehrskontrolle am Maximilianeum, München, Juli 1946

Marionettenspiel beim Blumenkorso der Münchner Künstlerhilfe zugunsten von Berlin, 3. Oktober 1948

Faschingszug in der Theatinerstraße, München, 27. Februar 1949

Rückkehr des Alltags 135

Faschingsball, München, Februar 1948

Stammtisch, München, 1949

Biergarten in Rosenheim, September 1949

Plakatanschläge in München, Oktober 1946

Verkaufsbuden in der Münchner Innenstadt, Juni 1949

Kinderspiele im Ruinenschutt, München 1946

138 Leben in Trümmern

Sonnenbadende in den Isarauen, München, 1946

Juke-Box, Oktober 1948

Frau mit Illustrierter auf der Prinzregentenbrücke, München, August 1946

Morgengymnastik mit Claire Brill und Alfons Tiefenböck im Bayerischen Rundfunk, September 1949

Rückkehr des Alltags 139

Herbstfest auf der Theresienwiese, München, September 1946

Eisverkäuferinnen auf der Handwerksmesse, München, Juli 1949

Kundgebung des bayerischen Gewerkschaftsbundes auf dem Königsplatz, München, 25. August 1948

Rückkehr des Alltags 141

Menschenauflauf um den Wunderheiler Bruno Gröning aus Herford in Fürstenzell, Oktober 1949

Amerikaner

So leben die Amerikaner in München

Wenig bemerkt von der Öffentlichkeit sind im Stadtgebiet einige Einrichtungen entstanden, die dem amerikanischen Soldaten wichtige Mittelpunkte seiner dienstfreien Stunden geworden sind. Eine besondere Abteilung der Armee, das „Special Service" und das amerikanische Rote Kreuz haben für ihn diese ‚Inseln' einer amerikanischen Umwelt geschaffen.

Vor dem Bürgerbräukeller in der Rosenheimer Straße, jenem Hause, von dem aus Adolf Hitler schon im Jahre 1923 das deutsche Volk mit seiner Herrschaft beglücken wollte, befindet sich ein unscheinbares Hinweisschild mit dem wenig verständlichen Text: „ARC EM-CLUB". Das bedeutet: American Red Cross Enlisted Men-Club. „Enlisted Men" sind in Listen eingetragene Männer, also alle Armeeangehörigen, die nicht den Grad eines Offiziers haben. Sie werden in der amerikanischen Alltagssprache auch als GI's bezeichnet. Dieses Kurzwort, das „dschie-aih" ausgesprochen wird, entspricht etwa dem französischen Ausdruck „Poilu" oder dem deutschen „Landser".

Im vorderen Teil des Bürgerbräukellers sind ansprechende Klubräume mit Lese- und Schreibzimmern entstanden. Im großen Saal sind noch die Bauarbeiter am Werk. Er erhält zur Zeit einen gediegenen Fußboden und soll für Sport- und Tanzveranstaltungen Verwendung finden. Am Schwarzen Brett des Klubs findet der Besucher vielerlei Wissenswertes. Täglich werden zum Beispiel für die Soldaten Fremdenrundfahrten durch das historische München unter der Leitung fachkundiger Führer durchgeführt. Ferner finden Gottesdienste in mehreren Münchner Kirchen statt. Im Klub ist ferner Gelegenheit geboten, zweimal in der Woche die deutsche Sprache zu erlernen. Außerdem gibt es neben einem Schnellzeichner und einem Photographen einen Raum, wo man Grüße auf Schallplatten sprechen kann. Zwei Wochen später ist ein solcher ‚gesprochener Brief' in den Vereinigten Staaten. An einem Schalter liegt eine Liste des „Transportation Service" auf. Hier trägt man sich ein, wenn man mit einem „Truck", das ist ein Lastwagen, oder mit einem „Jeep" mitgenommen werden will. Diese Einrichtung ist wichtig für auswärts stationierte Soldaten, die an einem dienstfreien Tag München besichtigen wollen. Im Restaurationsraum des Klubs gibt es nachmittags Kaffee und eine Art bayerischer Krapfen, die auf amerikanisch „doughnuts" heißen. Eine Wiener Kapelle spielt dazu Walzer und bayerische Landler.

Drei Münchner Lichtspieltheater stehen für die Aufführung amerikanischer Spielfilme den Soldaten zur Verfügung. Es sind dies die Regina-Lichtspiele in der Dachauer Straße, die Kamera in der Geibelstraße und das neu erstandene Central-Theater am Sendlinger-Tor-Platz. In der zweiten Kantine des amerikanischen Roten Kreuzes im Hofbräu-Keller in der Inneren Wiener-Straße ist ein großer Saal vorhanden, in dem abwechselnd Kabarettdarbietungen amerikanischer Künstlerinnen oder Boxkämpfe Münchner Sportler stattfinden. Das amerikanische Publikum geht bei allen Veranstaltungen in außerordentlicher Weise mit und begleitet z. B. oft das Beifallklatschen mit schrillen Pfiffen, die aber keinesfalls Mißfallenskundgebungen darstellen, sondern der Ausdruck starker Begeisterung sind. Oft wird eine solche Veranstaltung vom Münchner Soldatensender, der sich mit „AFN-Munich – Stuttgart" (American Forces Network) meldet, übernommen. Am Schwarzen Brett im Hofbräu-Keller kann man zur Zeit die Aufforderung eines Soldatenrundfunk-Sprechers lesen, der allen Münchner GI's, die aus seiner Heimatstadt Rochester im Staate New York stammen, auffordert, sich vor dem Mikrophon von ihm interviewen zu lassen. Die auf Schallplatten festgehaltene Sendung soll dann nach seiner Rückkehr im Programm eines New Yorker Senders erscheinen.

In der Gaststätte Orlando di Lasso am Platzl befindet sich seit kurzem der „Enlisted Men's Night Club". Während zu den Räumen der erwähnten beiden Rot-Kreuz-Kantinen nur alliierte Soldaten und weibliche Armee-Helferinnen in Uniform Zutritt haben, darf sich der GI im Nacht-Club eine Tanzpartnerin in Zivil mitbringen. Eine Münchner Jazzkapelle spielt zum Tanze auf. In dem von 18 bis 22.30 Uhr gewöhnlich überfüllten Tanzsaal herrscht zumeist lebhafteste Stimmung. Doch Punkt halb 11 Uhr abends ist das Nachtleben bereits zu Ende. Denn jeder GI muß bis spätestens 11 Uhr in seinem Quartier sein.

Ein anderer beliebter Treffpunkt der Soldaten ist die Armee-Marketenderei, „Post Exchange" genannt, in der Brienner Straße, gegenüber vom Wittelsbacherplatz. In diesem Soldaten-Kaufhaus, kurz als P.X. bezeichnet, ist der Andrang am Anfang der Woche zumeist so groß, daß die GI's oft Schlange stehen müssen. Der Verkauf all der guten Dinge, wie Rauch- und Süßwaren oder Konservendosen verschiedensten Inhalts, die aus Amerika herüberkommen, ist aber nicht frei, sondern erfolgt gegen Abstempelung eines Ausweises, der den Namen „Ration Card" führt. In einer anderen Abteilung des Hauses gibt es Geschenkartikel, zumeist Erzeugnisse des bayerischen Kunstgewerbes, zu kaufen. Im „Ladies Department" können sich die jungen, hübschen Armeehelferinnen, die „Wacs", was von „Women's Army Corps" kommt, mit Lippenstiften und anderen kosmetischen Präparaten eindecken.

Wer seinen Angehörigen jenseits des Ozeans etwas zu Weihnachten schenken will, kann schon jetzt in einer besonderen Abteilung eine „gift-order", einen Geschenkauftrag, abgeben. Es liegen zu diesem Zwecke in der Brienner Straße Warenhauskataloge aus New York, Chicago oder San Francisco aus, in denen sich der GI das Gewünschte, von der Zahnbürste bis zum fertig montierbaren Wochenendhaus, aussuchen kann. Er bezahlt das Geschenk hier in München mit seinem Armeesold, und eine gut geleitete Organisation sorgt dann dafür, daß die bestellte Ware pünktlich zu den Festtagen beispielsweise in einer entlegenen Farm im Staate Wisconsin oder Texas ankommt. Auch echte Pariser Parfüms können auf diese Weise bezogen werden. Verschiedene begehrte Industrie-Erzeugnisse, wie Armbanduhren oder schöne Präzisions-Kleinbildkameras, sind aber so knapp, daß sie auch das Soldatenkaufhaus nicht jedem Rationenkarteninhaber abgeben kann. Da hilft nur die Verlosung, die allwöchentlich stattfindet.

Die größte Freude des amerikanischen Soldaten ist natürlich, wie überall und zu allen Zeiten, der Urlaub. Wenn es nicht der große Urlaub nach jenseits des Atlantiks sein kann, so tut's als Freudenbringer auch schon die kleine Reise. In jeder Einheit besteht eine Quote über Urlaubsfahrten. Vier Touren sind vorgesehen: nach Paris für fünf Tage, nach der Schweiz für sieben Tage und nach der Riviera oder nach London für je zehn Tage. Soweit Platz frei ist – manchmal muß man einen ganzen Tag warten – darf auch das Flugzeug von München-Oberwiesenfeld aus benutzt werden. Vor kurzem konnte die Schweiz den hunderttausendsten amerikanischen Soldatenurlauber festlich empfangen.

(Süddeutsche Zeitung, Jg. 1, Nr. 18, 4. Dezember 1945)

Amerikanische Bibliotheken
Deutsche Leser blicken durch ein Fenster in die Welt

Jahrelang war Deutschland isoliert. Abgeschnitten von jeglicher Kultur, mußte es den Kontakt verlieren mit der geistigen Entwicklung in den Vereinigten Staaten auf allen Gebieten. Ärzte bekamen keine medizinischen Zeitschriften, Erzieher hatten keine Möglichkeit mehr, zu erfahren, was sich in ihrem Interessengebiet in Amerika ereignete, und das allgemeine Leserpublikum wußte nichts mehr von der amerikanischen Literatur der Gegenwart. Es ist nun Ziel der neu eingerichteten amerikanischen Bibliotheken, Bücher, Zeitschriften, Zeitungen, die in den Vereinigten Staaten herausgegeben wurden, dem deutschen Publikum zugänglich zu machen.

In Bayern sind vom ‚US-Information Center' bereits vier Bibliotheken gegründet. Als erste die ‚American Library' in München. Mit der Verwaltung sind betraut: ein amerikanischer Leiter und zwei deutsche Bibliothekarinnen. Die Zahl der vorhandenen amerikanischen Bücher ist schon auf 3 000 gestiegen, dazu kommen die 300 deutschen der ‚Emigranten-Literatur'. Durch eine Schweizer Spende fanden Dichter wie Franz Werfel, Romain Rolland, Ilja Ehrenburg, Thomas Mann, Upton Sinclair, Sinclair Lewis, Lion Feuchtwanger wieder ihren Weg zu uns zurück. 150 Zeitschriften und etwa 20 Tageszeitungen liegen auf. Die weibliche Jugend greift mit wahrer Leidenschaft nach den Magazinen von Mode und Film. Titel leuchten auf, wie: ‚Life', ‚Time', ‚Fortune', ‚Esquire'. Man braucht noch nicht absolut die Sprache zu beherrschen und kann so doch schon durch das Fenster schauen in eine bis jetzt verschlossene Welt und viele bunte Eindrücke gewinnen von dem amerikanischen Leben von heute. Es ist also nicht erstaunlich, daß täglich 100 bis 150 Lesefreudige in die Bibliotheksräume kommen. 1 000 Karten sind an ständige Leser abgegeben. Jede Karte kostet fünf Mark und hat ein Vierteljahr Gültigkeit. Wer sie besitzt, ist berechtigt, ein Buch und drei Zeitschriften mit nach Hause zu nehmen. Am Anfang hatten alle Leser freien Zutritt zu den Büchern, die, wie es in Amerika üblich ist, in offenen Regalen stehen. Leider mußte man diese großzügige Methode aufgeben, weil in kurzer Zeit 250 Bücher verschwanden. Nachdem man aus der Kartei, den Bücherlisten, den Zeitschriftenverzeichnissen seine Wahl getroffen hat, muß man jetzt einen kleinen Leihzettel ausfüllen, erhält dann am Ausgabetisch das Gewünschte und begibt sich damit in den Leseraum. In Anbetracht des großen Leserkreises können Nachschlagewerke, Fachzeitschriften, wichtige Magazine vom Jahre 1946, amerikanische Zeitungen des laufenden Monats nicht mitgenommen werden.

Die Bibliothek in Augsburg, nach gleichen Richtlinien aufgebaut, verfügt über 1 296 Bücher. Zu den 650 amerikanischen Exemplaren kommen ebenfalls die kleinen Bändchen der ‚Army edition' in englischer Sprache. Ihre Eigenart liegt in dem handlichen Format und den lustig bunten Einbänden. Außerdem sind diese ‚Pocketbooks' von größter Vielseitigkeit. Es ist alles da: von der ernsten Wissenschaft bis zu Wildwest- und spannenden Detektivgeschichten. Ein großer Teil der Augsburger Leser sind wißbegierige Schüler von 14 bis 18 Jahren. Gelehrte, Künstler, Journalisten und Frauen, die früher im Ausland als Hausangestellte tätig waren, bilden mit ihnen den Besucherstamm. Die Hausfrauen möchten auf diese Art ihre Sprachkenntnisse wieder auffrischen und verweilen gern in den mit Klubsesseln behaglich ausgestatteten Räumen. Man findet wiederum die Emigrantenliteratur, 85 Romane in deutscher Sprache, neben 95 amerikanischen Zeitschriften, 8 amerikanischen und 28 deutschen Zeitungen. Die wissenschaftlichen Werke erstrecken sich auf alle nennenswerten Gebiete, 333 Lesekarten wurden verteilt.

In der amerikanischen Bibliothek Erlangen setzt sich, wie zu erwarten, das Publikum hauptsächlich aus Professoren und Studenten zusammen. Besucherzahl: Täglich 90 Personen; Lesekarten: 550. Regensburg hat ungefähr die gleiche Zahl ständiger Leser. Würzburg und Nürnberg haben für den zukünftigen Bibliotheksraum und die Bücher schon alle Vorbereitungen getroffen. Auch für Passau und Garmisch wird eifrig Material gesammelt zur bevorstehenden Eröffnung. Um die Tätigkeitsbasis mehr und mehr zu erweitern, erhalten die großen Bibliotheken, wie München, jährlich 30 000, die kleineren etwa 15 000 Dollar als Zuschuß. In Berlin, Frankfurt, Stuttgart, Heidelberg, Wiesbaden, Mannheim, Karlsruhe und Ulm wurden die ‚Libraries' vom deutschen Publikum ebenso begeistert aufgenommen wie in Bayern. Noch im August eröffnet die Stadt Kassel in der Murhard-Bibliothek ihre Räume mit amerikanischen Büchern und Schriften über Kultur und Wissenschaft. Vor wenigen Tagen richtete man auch in der britischen Zone eine Lesestube ein und gab ihr den symbolischen Namen ‚Die Brücke', denn an der Brücke zur Völkerverständigung arbeiten alle geistig Interessierten. Den gleichen Namen trägt übrigens die in Hamburg eröffnete englische Lesehalle, die in der ersten Woche von 6 000 Personen besucht wurde. Hier liegen deutsche, englische und französische Zeitungen und Zeitschriften aus. Die angeschlossene kleine Bibliothek umfaßt vorläufig 400 englische Bände.

(Marion Vrieslander in: Die Neue Zeitung, 2. Jg., Nr. 63, 4. August 1946)

Abbildung Seite 142:
Oberbürgermeister Scharnagl vertieft seine Englischkenntnisse
mit dem Buch ‚Brush Up Jour English', Januar 1947

Amerikanische Soldaten am Friedensengel, München, 1946

Gouverneur van Wagoner mit Kadetten der Westpoint-Militärakademie vor dem Haus der Kunst, München, 17. Juni 1946

Motorrad-Staffel der US Military Police in München, April 1948

Militärgouverneur Muller und sein Stab auf dem Weg zur Verfassunggebenden Landesversammlung, München, 15. Juli 1946

Amerikanische Soldaten bauen einen Kinderspielplatz, München, Mai 1947

Ernest Langendorf, Chef des Press Control Office der Militärregierung, München, November 1948

Militärregierung · Wohltätigkeit   **149**

Gouverneur van Wagoner mit Frau bei einem Kinderfest, München, Mai 1949

Amerikanische Frauen basteln Weihnachtsgeschenke für deutsche Kinder, München, Dezember 1947

General Carter B. Magruder, Sonderbeauftragter der US-Militärregierung, bei der ‚Kartoffel-Aktion' in Parsdorf, November 1946

Öffentliche Danksagung des Münchner Stadtrates an die Vereinigten Staaten für Lebensmittelspenden zu Weihnachten, 21. Dezember 1948

Vortrag anläßlich der Ausstellung ‚Parlamentarier' im Amerikahaus, München, Oktober 1948

Geburtstagsfeier der ‚German Youth Organisation' in München, 24. April 1948

Musizierende Kinder bei einer Veranstaltung der amerikanischen Grundschule, München, Juni 1948

Redaktion der Munich American Press, München, Mai 1948

Poststelle der US-Militärregierung, München, Juni 1948

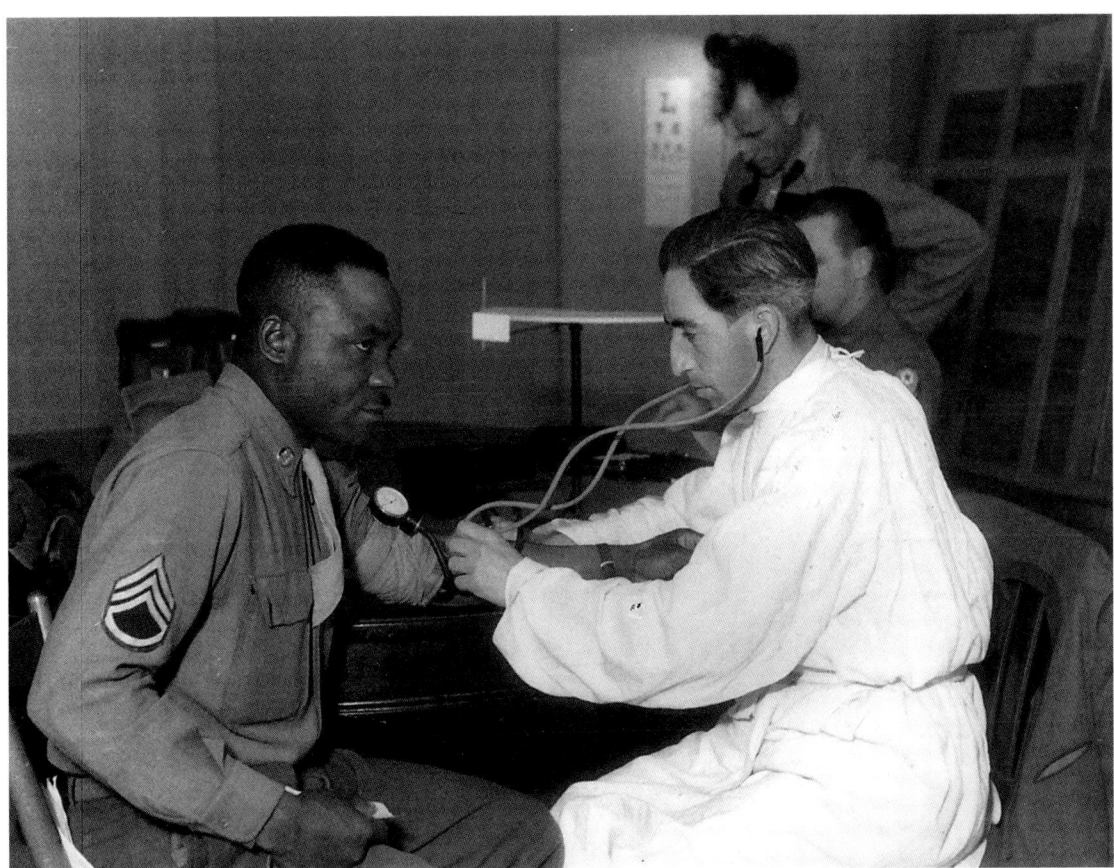
Medizinische Untersuchung von GIs, München, Mai 1948

Amerikanisches Verpflegungslager, München, März 1948

Werkstatt des Fuhrparks der US-Besatzungstruppen, München-Allach, Juni 1948

Thanksgiving-Essen in München, 24. November 1947

Das Kino am Sendlinger Tor – als ‚Central Theater' bis Dezember 1946 nur uniformierten Angehörigen der alliierten Besatzungstruppen zugänglich

US-Soldaten beim Picknick in der Münchner Innenstadt, Juli 1946

Wirtschaftsminister Erhard überreicht Colonel Mitchell A.Giddens und seiner Familie anläßlich ihres Besuchs der Exportschau ein Nymphenburger Teeservice, München, 9. Oktober 1946

Amerikanische Farmersfrauen auf Informationsreise in Bayern, März 1949

Elisabeth Schütte von der Süddeutschen Zeitung interviewt O'Hare McCormick, die Korrespondentin der New York Times bei der Pariser Friedensbewegung, München, 14. November 1946

Amerikanische Zuschauer der bayerischen Blasmusik-Kapelle ‚Great Bavarian Show', München, 1946

Schlägerei zwischen Deutschen und Amerikanern, München, Oktober 1948

Besatzer und Besetzte **161**

Deutsch-amerikanische Hochzeit in Bad Tölz, Juni 1947

Dromedar Clarence, das Maskottchen der 86. US-Jägerstaffel, auf dem Münchner Marienplatz, Oktober 1948

Souvenirs für GIs, 1946

American Football im Dante-Stadion, München, Dezember 1947

Baseball-Spiel der amerikanischen Soldaten, München, April 1948

Veranstaltung des German Youth Club, München, April 1948

Amerikanische Studenten schicken vom Internationalen Ferienkurs der Münchner Hochschulen Tonbandgrüße nach Hause, August 1948

Sport

Sport ohne Militarismus

In diesen Tagen, in denen sich der deutsche Sport neu zu organisieren beginnt, erscheint es vielleicht nicht unangebracht, auf einen Unterschied hinzuweisen, der den deutschen Sport seit langem von dem fast aller anderen Länder sonderte. Wir sprechen hier von einem geistigen Unterschied.
Die Einstellung zum sportlichen Gedanken war in Deutschland schon seit langem, besonders aber in der Zeit der nationalsozialistischen Herrschaft, militant, d.h. der deutsche Sport wurde unter dem Gesichtswinkel betrieben und gefördert, ein Mittel zur „Ertüchtigung" der Jugend zu werden, wobei weniger an eine Ertüchtigung für den Lebenskampf als an eine Vorbereitung für den Krieg gedacht wurde. Die Folge dieser Einstellung war, daß der durchschnittliche deutsche Sportler mit solcher Verbissenheit ans Werk ging, daß man langsam aufhören mußte, von Vergnügen und Erholung zu sprechen, und daß man allmählich von harter Arbeit sprechen konnte. Deutschlands Jugend wurde zum Sport kommandiert!
Vom höchsten Funktionär bis zum letzten Fußballer wurde der Sport als Vorbereitung zur Kriegsdienstleistung betrachtet und so blutig ernst genommen, daß sein wirklicher Inhalt nahezu ausgelöscht war. Der Internationalismus des Sports, seine völkerverbindende Mission, wurde zum krassen Nationalismus verzerrt. Interessant ist dabei die Tatsache, daß dieser Übereifer keineswegs immer die erhofften Resultate zeitigte, und daß der deutsche Sportler keineswegs immer jenem Gegner überlegen war, der seinen Sport lediglich zum Vergnügen betrieb. Eine gewisse Verkrampftheit, die die Höchstleistung eher hinderte als förderte, war beim deutschen Sportler meist unverkennbar und ließ ihn oft, trotz gewissenhafter – allzu gewissenhafter – Vorbereitung, geschlagen vom Felde gehen.
In den demokratischen Ländern, insbesondere in Amerika, treibt die Jugend – von der Gruppe der Berufssportler abgesehen – Sport einzig und allein deshalb, weil ihr diese Freizeitbeschäftigung Spaß macht. Man würde erstaunte Gesichter sehen, würde man dem amerikanischen Sportler sein Vergnügen und seine Erholung als Vorstufe zur Kriegsdienstleistung präsentieren und ihm befehlen, Sport zu treiben. Das heißt natürlich nicht, daß nicht auch der amerikanische Athlet, Schwimmer, Boxer usw. mit Eifer trainiert und lieber siegt als verliert. Aber die Freude an der Sache kommt in erster Linie, und wenn er geschlagen wird, wird er die Niederlage nicht als Katastrophe betrachten. Im Gegenteil, er wird dem siegreichen Gegner zum Erfolg gratulieren und es mit seiner Geste auch ehrlich meinen.
Der amerikanische Sport hat mit dieser Methode – die keine Methode ist, sondern Selbstverständlichkeit – die größten Erfolge erzielt. Es gab – von Athen 1896 bis Berlin 1936 – bisher keine modernen Olympischen Spiele, in denen Amerika nicht an erster Stelle zu finden gewesen wäre.
Die amerikanische Jugend treibt ihren Sport spielerisch, frohgemut und mit lachenden Augen. Tritt der Amerikaner als Vertreter seiner Heimat in einen internationalen Wettbewerb ein, dann will er sicherlich seine Landesfarben zum Siege führen, aber dieser Siegeswille ist niemals aggressiv, wie es der Siegeswille des deutschen Sportausübenden war. Wie stark wahrer Sportgeist im amerikanischen Leben wurzelt, ergibt sich schon aus dem Sprachgebrauch. Will man in Amerika jemand als einen in jeder Beziehung prächtigen Kerl bezeichnen, dann sagt man von ihm: „He is a good sport."
Es wäre zu wünschen, daß der neue deutsche Sport auch in geistiger Beziehung neue Wege geht und sich nach dieser Richtung demokratisch orientiert. Seine Qualität wird darunter sicherlich nicht leiden...

(Die Neue Zeitung, Jg. 1, Nr. 2, 21. Oktober 1945)

Der neue Geist im Sport

Der kürzlich erfolgten Bildung des Sportamtes Augsburg folgt nunmehr die Herausgabe einer Augsburger Tageszeitung. Zwei zeitlich zusammenfallende Ereignisse, die es verdienen, registriert und beachtet zu werden, da sie eine Entwicklung aufzeigen, die alle Sportfreunde sicher gerne zur Kenntnis nehmen. Die Rückkehr zu einer regelmäßigen Sportberichterstattung und Sportjournalistik, die sämtliche Fragen eines sich neu bildenden Sportlebens, auch die der Werbung für die Leibesübungen, in den Bereich ihrer Betrachtungen zieht, wird der Neugestaltung des deutschen Sportes bestimmt wertvolle Dienste leisten.
Der Ring eines örtlich gut entwickelten Sportlebens, 1933 von den Nazis gewaltsam zerstört, beginnt sich wieder zu schließen. Bedauerlicherweise sind die Bedingungen, unter denen dieser Neuaufbau des Sportes vor sich geht, keinesfalls erfreulich genug, um zu glauben, daß wir in wenigen Wochen schon auf ein vielseitiges, frisch pulsierendes Sportleben werden schauen können. Die ungezählten, in unserer engeren Heimat lebenden, mit Sorgen und Nöten beladenen Mitbürger, die vom Nazisystem und seinem Krieg um ihre Jugend und um ihre Gesundheit Betrogenen und nicht zuletzt die zerstörten Turnhallen und Sportplätze sprechen hier leider eine allzu deutliche Sprache, als daß wir uns einem solchen Optimismus hingeben könnten.
Wenn wir trotzdem uns anschicken, die Jugend zum Sporte zu rufen, und wenn wir beginnen, den Sport zu organisieren, so geschieht das nicht, weil wir uns in den Sport flüchten, um uns an den Nöten der Zeit vorbeizudrücken, sondern weil wir mit dem Sport und durch den Sport mit diesen Zeitnöten fertig zu werden versuchen.
Das Problem der kommenden Sport- und Gesellschafts-Organisationen im neuen Staate ist eine Frage, die riesengroß vor demjenigen steht, der sie nach allen Seiten und mit allen Konsequenzen zu überdenken bereit und fähig ist. Es bedarf einer Reihe von Überlegungen und Feststellungen, um überhaupt erst zu klären, wo wir uns bei der durch die Kriegshandlungen und Niederlage erfolgten Rückentwicklung des Sportes zurzeit befinden, welchen Weg und

welche Richtung wir einschlagen wollen, um wieder ein Fundament für unsere Arbeit zu bekommen. Wir wollen uns heute begnügen, unseren Standort zu ermitteln und die Form unserer künftigen Sportorganisationen zum umreißen, denn allem voran muß die Frage geklärt werden, was mit den Arbeitersportlern und den Anhängern der christlichen Sportbewegung zu geschehen hat, die das Nazisystem im Jahre 1933 durch die Zerstörung ihrer Organisationen heimatlos machte.

Die Perspektiven, die sich bei der Feststellung unseres gegenwärtigen Standortes ergeben, sind traurig, denn in den riesigen Bombenlöchern und unter den Trümmern, die uns das Hitler-Regime hinterließ, liegt auch der deutsche Sport, der vielen Tausenden Freudenspender und Lebensinhalt war, begraben. Verlassen und in sich selbst verfallen liegt seine große Organisation am Boden. Es ist dies nicht der erste schwere Schlag in der Geschichte des deutschen Sportes, denn schon einmal wurde eine Millionenbewegung der Leibesübungen planvoll zerstört und damals auch ihrer Einrichtungen und ihres Besitzes beraubt. Es war dies im Jahre 1933, als gemeinsam mit der DJK die Verbände der Zentralkommission für Sport- und Körperpflege, allen voran der Arbeiter-Turn- und Sportbund verboten und aufgelöst wurde und Tausende seiner Mitglieder, Sportlehrer und Turner, Kämpfer für ein hohes Ideal in die Zuchthäuser und Konzentrationslager wanderten. Zwölf Jahre lang zu sportlicher Untätigkeit verurteilt, vielfach geächtet und ausgestoßen, verbrachten viele Tausende eine bitterharte Zeit. Ihnen, denen das helle Kinderlachen in den Turnhallen und die Sportbegeisterung auf dem grünen Rasen zu einem Bestandteil ihres eigenen Daseins geworden war, bereitete diese ihnen aufgezwungene Untätigkeit manche schwere Sorgen. Wäre nicht der unerschütterliche Glaube an den Sieg der Menschheits-Ideale, an Freiheit und Demokratie gewesen, hätte es wohl manchem von ihnen die Lust zur Mitarbeit im Sport für immer verleidet. So aber stehen heute viele dieser schwergeprüften Arbeitersportler allerorts wieder bereit, mitzuarbeiten an der Hebung der deutschen Volksgesundheit. Sie denken mit Stolz zurück an das Schaffen ihrer Organisationen, die in der Breitenarbeit im Sport und in der Erziehung der Jugend vorbildlich waren und Unvergeßliches geleistet haben.

Neben ihnen stehen die vielen Freunde des bürgerlichen Sportes aus den Verbänden des ehemaligen Reichsausschusses für Leibesübungen und späteren NSRL. Wohl mancher unter ihnen hat inzwischen erkannt, welch schmählicher Mißbrauch mit seiner Sportbewegung getrieben wurde.

Wo ist diese Jugend heute?

„Wir rufen die Jugend der Welt", so riefen die Glocken der Olympischen Spiele 1936 in Berlin.
Sie modert in den Massengräbern auf allen Schlachtfeldern Europas, sie ist verstümmelt, entstellt, ihrer Gesundheit beraubt, und ihr Antlitz ist von den Schrecken des eben zu Ende gegangenen größten aller Massenmorde gezeichnet. Wer fühlt nicht angesichts dieser gepeinigten Jugend der Welt die riesengroße Zukunftsaufgabe des Sportes und seiner Organisation?

Nationalsozialistische, reaktionäre und militaristische Gedankengänge hatten – von den zum politischen Indifferentismus erzogenen Mitgliedern und Anhängern nicht erkannt – Eingang in die bürgerliche Sportbewegung gefunden, und viele unserer Sportfreunde aus diesem Lager werden heute klar erkennen, daß dies der Grund ist, warum uns heute die Reste des ehemaligen bürgerlichen Sportes nicht das Fundament ergeben können, auf dem wir unser neues Haus zu zimmern beginnen.

Aus allen Gesprächen über den kommenden deutschen Sport tritt eine Forderung besonders markant hervor: Einheit! Erfreulicherweise ist die große Mehrheit der wahren Freunde des Sports sich heute darüber einig, daß nun der Zeitpunkt gekommen ist, eine einheitliche freie deutsche Sportbewegung zu schaffen, deren Aufgabe es ist, alles zu sammeln, was sich aus freiem Entschlusse in den Dienst der antinazistischen demokratischen Erneuerung unseres Volkes stellt. An dieser freiwilligen Einreihung müssen die Zwangsmaßnahmen, die während der Naziherrschaft zur Bildung der NSRL führten, zuschanden werden, weil hier die Wurzeln einer richtig verstandenen Demokratie liegen.

Wie dieses Problem des freiwilligen Zusammenschlusses im einzelnen zu behandeln ist und welche Wege zu beschreiten dazu notwendig sind, ist eine Frage, an der eine zielklare, von allen aufbauwilligen Kräften im Augsburger Sport unterstützte Leitung des Augsburger Sportamtes nicht zu scheitern braucht. Wenn das Bewußtsein erst einmal Allgemeingut geworden ist, daß es eine Rückkehr zu der alten Zersplitterung in unzählige Verbände und Vereine nicht mehr geben kann, daß heute kein Raum mehr gegeben ist für kleinliche Vereinsmeierei, weil dort der Nährboden für faschistisch-militaristische Elemente ist, dann ist auch dieser Kampf gewonnen.

Die Achtung vor dem Menschen selbst und die Freude an dem schönen, sportgestählten gesunden Körper ist es, was uns von selbst jeden militärischen Drill und jede Kriegsspielerei verbietet. Wenn sich die in vorbildlicher Erziehungsarbeit geschulten Männer und Frauen des Arbeitersportes mit den Sportfreunden der bürgerlichen Verbände, die ihre Erfahrungen auf dem Gebiete der Spitzenleistungen in die Waagschale zu werfen haben, zusammenfinden, um sich mit dem ernsthaften Streben der DJK in den Fragen der Jugenderziehung zu verbinden, dann braucht niemand um den Erfolg einer solchen Bewegung zu bangen. Wettkampf und Massensport, Schulung und Begabtenförderung finden in einer solchen Gemeinschaft genügend Raum, sich zu entfalten und der Gesamtentwicklung zu dienen.

Wenn zur Erreichung eines so hohen Zieles unter Umständen einige traditionsreiche Vereinsnamen in Wegfall kommen sollten, um der Idee von umfassenden Sportgemeinschaften Platz zu machen, wen kann dies beunruhigen, oder gar veranlassen, auf die Erreichung des Zieles selbst zu verzichten?

Die nächste Zukunft schon wird es lehren, ob auch in Augsburgs Mauern genügend wahre Freunde des Sportes wohnen, die den Erfordernissen einer neuen Zeit gewachsen sind und ihre Zeichen zu deuten wissen. Was vor uns steht ist ein Programm. Hier heißt es sich zusammensetzen, gleichgültig aus welchem antifaschistischen Lager wir kommen mögen. Was bisher uns trennte, muß zurücktreten, und vor uns steht alles, was den Arbeitersportler, den bürgerlichen und den katholischen Sportler verbindet. Es ist dies der wahrhaft demokratische Sport, in dessen Haus sich alle heimisch fühlen können.

Der Ausverkauf der Vereinsbrillen hat damit begonnen. Sie sorgfältig zu sammeln und für immer unter Verschluß zu bringen, ist eine der Forderungen der neuen Zeit.

(August Ulrich in: Schwäbische Landeszeitung, Jg. 1, Nr. 1, 30. Oktober 1945)

Abbildung Seite 166:
Radrennen in München, 6. April 1947

Siegerehrung nach einem Radrennen in der Münchner Innenstadt, 1946

Zuschauer bei einem Radrennen in Rosenheim, 16. Juni 1946

Zuschauer bei einem Radrennen in München, 6. April 1947

Ziel-Etappe der Deutschland-Rundfahrt auf der Amorbahn, München, 23. Juli 1949

Motorradrennen in Garmisch-Partenkirchen, 4. Juli 1948

Benefiz-Fußballspiel ‚Presse' gegen ‚Bühne' im Stadion des FC-Wacker, München, 27. Oktober 1946

Fußballspiel Bayern München gegen VfB Stuttgart im Stadion an der Grünwalder Straße, München, 1. Dezember 1946

Zuschauertribüne beim Fußballspiel Norddeutschland gegen Süddeutschland im Stadion an der Grünwalder Straße, München, 2. Oktober 1949

Fußballspiel Berlin gegen Bayern im Olympia-Stadion in Berlin, 18. September 1949

Skikurs des Sporthauses Scheck, Januar 1949

Eislauf im Prinzregentenstadion, München, November 1946

Eishockey im Prinzregentenstadion, München, 1946

Bayerische Meisterschaften der Damen im Feldhockey auf dem FC-Wacker-Feld: FC-Wacker gegen die Würzburger Kickers, München, 23. November 1946

Sportreporter Josef Kirmaier von Radio München kommentiert ein Tennisspiel amerikanischer Berufsspieler, Iphitosgelände, München, 18. August 1947

Windhundrennen in der Hirschau, 31. Juli 1949

Wettkampf der Geräteturner, Württemberg gegen Bayern, im Zirkus Krone Bau, München, 15. September 1946

Trabrennen in Daglfing, 25. August 1946

Totalisator in Riem für das große Herbst-Jagdrennen über 4500 Meter, 27. Oktober 1946

Motorradrennen ‚Großer Preis von Bayern' rund um die Bavaria, München, 27. Oktober 1946

Seifenkistl-Rennen am Gebsattelberg unter der Schirmherrschaft der amerikanischen Besatzungsregierung, München, 2. Oktober 1948

Bayerische Meisterschaften im Seifenkistl-Rennen an der Bavaria, München, 20. Juli 1949

Kultur

Theaterluft – noch dünn
Aber hinter den Kulissen wird gearbeitet

Die Münchner Theaterluft ist noch dünn und es scheint, als würde der nötige frische Wind erst mit den ‚linden Lüften' des kommenden Jahres eintreffen. Zum Theaterspielen braucht man Bühnen, Kulissen, eine Menge Pappe und Farbe, Sitzreihen, Kohle und wetterfeste Dächer. Was im Kampf um diese Mangelwaren bisher erreicht werden konnte, ist immerhin beachtlich. Wie wir erfahren, ist der Opernspielplan des Staatsschauspiels allmählich im Aufbau. Man bereitet neben dem ‚Fidelio' das Mysterium ‚Eurydike' vor. Es fehlt noch am ‚eigenen Heim', da ja das Prinzregententheater vorläufig noch nicht voll zur Verfügung steht. Die Staatsoperette hofft zu Beginn des nächsten Jahres schon in das Gärtnerplatztheater einladen zu könne. Das Dach über dem Bühnenhaus wird bereits ausgebessert.

Das Münchner Volkstheater wird Mitte Dezember sein ‚Behelfsheim' im Bayerischen Hof beziehen. Als erste Aufführung ist eine Neuinszenierung des ‚Unbedeutenden' von Nestroy geplant. Ein zweites Ausweichtheater für die Städtischen Bühnen wurde bereits in Pasing eingeweiht. Diese ‚Nebenhäuser' werden zu gleichen Teilen später den Kammerspielen und dem Volkstheater zur Verfügung stehen. Von Pasing aus werden der ganze Münchner Süden und die Randgemeinden Lochham, Gräfelfing und Planegg mit gutem Theater versorgt werden können.

Das Akademietheater, das seine erste Inszenierung – Max Mells ‚Apostelspiel' mit Kammermusik-Umrahmung durch das Münchner Künstlertrio – in der Provinz zeigen mußte, bereitet für den Einstand im eigenen Haus ‚Bunburry' von Oskar Wilde und ‚Liebelei' von Schnitzler vor. Intendant Johannes Siegert hat Gustav Fröhlich und Marina v. Ditmar für die Hauptrollen in der ‚Liebelei' verpflichtet. Das Theater will kein ständiges Ensemble verpflichten, sondern jedes Stück neu besetzen.

In der Tizianstraße 104 hat sich ein ‚Neues Münchner Theater' aufgetan, das unter der Leitung von Klaus Jochen Ülzen steht. Der neue Intendant plant Schauspielaufführungen mit wechselndem Repertoire und hat gleich in der ersten Woche drei Stücke auf den Spielplan gesetzt: ‚Der erniedrigte Vater', ‚Der fröhliche Weinberg' und ‚Überfahrt'. Anfang Dezember meldet sich in der Aula der Akademie der Bildenden Künste der Gastspieldirektor Heinz Beck in München mit einem interessanten Experiment zum Wort: einer Sprechchoraufführung auf einer Stilbühne unter dem Titel ‚Das Lied von Ruma'. Heinz Beck kommt vom literarischen Kabarett. Was er zum erstenmal zeigen will, ist die Darstellung eines modernen Geschehens in Form einer im Chor gesprochenen Legende. Er unternimmt den Versuch, die handelnden Gestalten durch je vier Stimmen im Chor darstellen zu lassen. Er will der Sprache plastische Gestalt geben und wendet sich dabei an ein Publikum, das Freude an Bachschen Fugen und polyphonen Chören hat.

Das Kabarett ‚Die Schaubude', das unter der Leitung von Otto Osthoff und Rudolf Schündler durch Bayern reist, will demnächst in einem eigenen Haus mit seinem zweiten Programm vor die Münchner hintreten. Die literarische Note wird in Zukunft durch die Mitarbeit von Erich Kästner und Herbert Witt, die musikalische Qualität durch die Mitarbeit von Dr. Edmund Nick gesichert sein. Das traditionsreiche Münchner ‚Brettl' macht mutig seine ersten Schritte. Carl Walter Popp versteht in seinem neuen ‚Kabarett-Klub' in der Müllerstraße gut zu unterhalten. Der urmünchnerische Hausherr sagt schmunzelnd blitzgescheite Sachen und kommt herzerfrischend auch auf die ‚Sumpfblüten' der ‚Süddeutschen Zeitung' zu sprechen. Im ‚Café Pinakothek' sticht Willy Ziegler ebenso mutig in ein neues ‚Wespennest' der Kabarett-Darbietungen. Wie wir von der Theaterabteilung der amerikanischen Nachrichtenkontrollstelle in München erfahren, finden bereits Verhandlungen mit Londoner und Schweizer Verlegern statt, die den bayerischen Bühnen anglo-amerikanische Stücke für ihre Spielpläne sichern sollen. Die Devisen- und Urheberrechtsfragen sind vorläufig noch nicht so einfach zu klären. Die Besatzungsbehörde, die alle künstlerischen Bestrebungen in München sehr aktiv unterstützt, schaltet sich hier mit erfreulicher Initiative ein. Die Zulassung von einigen Bühnenagenturen und Gastspieldirektionen, die kürzlich erfolgt ist, wird den Theaterleitern gerade in der Zeit des Aufbaus wertvolle Unterstützung bieten.

(W. Maschner in: Süddeutsche Zeitung, Jg. 1, Nr. 13, 16. November 1945)

Hier ist Radio München

Wie alle wichtigen Objekte im Nachrichten- und Verkehrsnetz, so sollte auch der Münchner Großsender in Erding kurz vor dem Einmarsch der Amerikaner von einer Abteilung SS. durch Sprengung zerstört werden. Jedoch einer rasch vorrückenden amerikanischen Truppe gelang es, noch rechtzeitig die SS. zu verjagen und größere Schäden zu verhüten. Bereits um den 10. Mai konnte daher „Radio Munich" als erster Rundfunksender der amerikanischen Besatzungszone in Bayern wichtige Meldungen der Militärregierung verbreiten. Der Sender wurde damals, da das Funkhaus durch die vorangegangenen Luftangriffe unbenutzbar geworden war, unmittelbar in Erding von einem prominenten Mitglied der Radio Section des amerikanischen Nachrichten- und Pressekontrolldienstes, Mr. Ravotto, besprochen, der heute zum Generalintendanten aller deutschen Sender in der amerikanischen Besatzungszone ernannt ist.

Ende Mai hatte man aus dem Münchner Funkhaus den Schutt soweit fortgeschafft und die Übertragungsanlagen soweit wiederbeschafft, daß die Darbietungen vom Funkhaus aus auf den Sender übertragen werden konnten. Allerdings handelte es sich dabei noch in erster Linie um Nachrichtensendungen, drahtlose Übertragungen von Radio Luxemburg und kärgliche Sendungen von Schallplattenkonzerten, zu denen die Platten eigens von Luxemburg, ja sogar aus Amerika herbeigeschafft werden mußten, da das eigene, viele Tausende von Schallplatten umfassende Archiv des Münchner Funkhauses in Ausweichlagern nahezu restlos geplündert worden war.

Neue Männer vor dem Mikrophon

Ähnlich groß waren die Schwierigkeiten in personeller Hinsicht: Zwar konnte sich die amerikanische Leitung auf ein fast völlig von Nazis freies technisches Personal stützen, aber beim künstlerischen Stab konnte man geradezu von einer Nazi-Versippung sprechen. Zunächst mußten deshalb neue Männer für die Ansage, für den Nachrichtendienst und als Reporter gefunden werden, wobei jede dem Hörer vom Nazi-Lügenfunk her bekannte Stimme von vorneherein ausschied.
Unter dem Intendanten Mr. Horine und einem kleinen Stab von Amerikanern, ausgesuchten Spezialisten aus Rundfunk und Schrifttum, arbeiten heute allein im Funkhaus bereits wieder 170 Deutsche an der Erweiterung des abwechslungsreichen und den Hörer befriedigenden Rundfunkprogramms. Zwar geht vieles leider nicht so rasch, wie es sich die Hörer vielleicht wünschen, aber man kann aus Senderäumen, deren größter 7 x 12 m mißt – alle größeren sind mehr oder weniger zerstört – keine Orchesterkonzerte oder Hörspiele senden. Doch der rege Aufbau spiegelt sich im Programm deutlich wider: Während die sonntägliche Sendezeit die frühere Dauer schon fast wieder erreicht hat, übersteigt die an Werktagen heute schon die Hälfte der üblichen Sendezeit und wird mit dem Ausbau der eigenen Sendungen dauernd erweitert werden. Neuerdings wird ein eigener Frauen- und Jugendfunk an vorerst zwei Tagen der Woche gesendet, und in etwa zwei Wochen wird sich den Hörern das neue Münchner Rundfunkorchester vorstellen, dessen 22 Mann seit einer Woche eifrig proben. Wie heute schon die schönen Übertragungen der Konzerte aus dem Prinzregententheater, die Studiokonzerte und die volkstümliche Musik wird dann auch die Unterhaltungsmusik des Rundfunkorchesters dazu beitragen, der ‚lebenden‘ Musik wieder jenes Vorrecht vor der Schallplatte zu sichern, dessen sie gerade in den letzten Jahren des Naziregimes durch die Einziehung des Großteils der Künstler zum Kriegsdienst verlustig ging.

Das Hörspiel kommt wieder

Eine Kunstgattung des Rundfunks, die ihre eigentümlichen Formen und Gesetze, aber auch ihre besonderen Wirkungen besitzt, ist das Hörspiel, heute noch ein großes Sorgenkind der Rundfunkregisseure: Auch hier fehlt infolge der geistigen Vergewaltigung durch den Nationalsozialismus jedes wertvolle deutsche Schaffen. Trotzdem wird das Hörspiel im Sendeplan bald seinen gebührenden Raum einnehmen.
Eine wichtigere Rolle im Programm als bisher werden künftig aktuelle Hörberichte spielen, zumal an Stelle des im Funkhaus oder vom vorerst einzigen Aufnahmewagen auf dem Tonband festgehaltenen und zu gelegener Zeit auf den Sender gegebenen Berichts nun, nach Instandsetzung eines großen Teils des Fernsprechnetzes, wieder mehr und mehr die unmittelbare Reportage vom Ort des Geschehens erfolgen kann. Mit der am vorigen Samstag erfolgten Übertragung der feierlichen Betriebseröffnung der ‚Süddeutschen Zeitung‘ aus dem Münchner Rathaus erlebte der Hörer zugleich die erste derartige unmittelbare Übertragung eines aktuellen Ereignisses vom Mikrophon zum Sender.

(Süddeutsche Zeitung, Jg. 1, Nr. 2, 9. Oktober 1945)

Abbildung Seite 182:
Maler zwischen Ruinen in München,
Nähe Sendlinger-Tor-Platz, 1946

Eröffnung der Ausstellung ‚Altdeutsche Meister' aus dem Besitz der Alten Pinakothek im Haus der Kunst, München, 18. Januar 1946

Ausstellung ‚Meisterwerke der süddeutschen Gotik' im Bayerischen Nationalmuseum, München, Dezember 1945

General Walter J. Muller und Kultusminister Franz Fendt vor Altdorfers ‚Alexanderschlacht' in der Ausstellung ‚Altdeutsche Meister' (siehe Abbildung Seite 185)

Stephan Munsing, Direktor des Central Art Collecting Point im ehemaligen NS-Verwaltungsbau in der Meiserstraße 10, München, Juni 1949

Hans Kauffmann, Ernst Gall, Ernst Halm, Hans Jantzen, Kurt Bauch, Hans Robert Hahnloser auf dem Zweiten Deutschen Kunsthistorikertag in Schloß Nymphenburg, München, 6. September 1949

Eröffnung der Ausstellung ‚Kunstschaffen in Deutschland' im Central Art Collecting Point, München, 22. Juni 1949

Picasso-Ausstellung in der Galerie Günter Franke, München, März 1949

Empfang für Thomas Mann im Prinz-Karl-Palais, 28. Juli 1949

Übergabe der ersten mobilen Jugendbücherei in der US-Zone durch Vertreter der Militärregierung auf dem Marktplatz von Fürstenfeldbruck, 5. Oktober 1946

Bookmobile der amerikanischen Militärregierung, März 1948

Bibliotheken 191

Amerikanische Bibliothek, München, 31. Oktober 1947

Stadtbibliothek München, 1946

Reichstreffen des Jugendbundes des Katholischen Deutschen Frauenbundes in der Wieskirche, 21. August 1947

Die französische Bibliothek der Arbeitsgemeinschaft Frankreich der Kulturliga in der Wotanstraße, München, Juli 1947

Bibliotheken · Jugend **193**

‚Fest der Jugend' im Nymphenburger Schloßpark, München, 14. Juli 1946

Pfadfinder in der Sendlinger Straße in München, Juli 1946

Vertreter der Militärregierung, der Bayerischen Staatsregierung und der Stadt bei der Eröffnung des Amerika-Hauses im ehemaligen Führerbau an der Arcisstraße, München, 12. Juli 1948

Deutsch-amerikanischer Diskussionsabend für Frauen, München, 12. Februar 1947

Zuschauer bei einem Sportfest der Lehrerbildungsanstalt in Straubing, Mai 1947

Unterricht in der Münchner Volkshochschule, 31. Oktober 1949

196 Kultur

Englischunterricht in einer Volksschule, München, November 1946

Einführung der neuen Schulbücher für die Grundschule, November 1946

Schule · Ausbildung 197

Lehrstätte für freie und angewandte Kunst Joachim Stoeltzner, Brunhildenstraße, München, Juni 1949

Marlene Dudek aus Regensburg, erste bayerische Stipendiatin für einen Amerika-Aufenthalt, Mai 1949

Teilnehmer des Internationalen Ferienkurses der Münchner Hochschulen am Brunnen vor der Ludwig-Maximilians-Universität, August 1948

Schaufenster der Bayerischen Bild GmbH in der Thierschstraße 11, München, August 1948

Empfang für die Lizenzträger und Chefredakteure der bayerischen Presse auf Einladung von Michael Horlacher im Landwirtschaftsministerium, München, 5. September 1946

Erste Ausgabe der ‚Münchner Allgemeinen', 2. September 1948

Redaktion der ‚Süddeutschen Zeitung' im Heizungskeller, Februar 1947

Lizenzerteilung für die zweite Zeitung in München, den ‚Münchner Mittag' (später ‚Münchner Merkur'), 13. November 1946

Veranstaltung in einem Hörsaal der Universität anläßlich der Eröffnung der Journalistenschule, München 1946

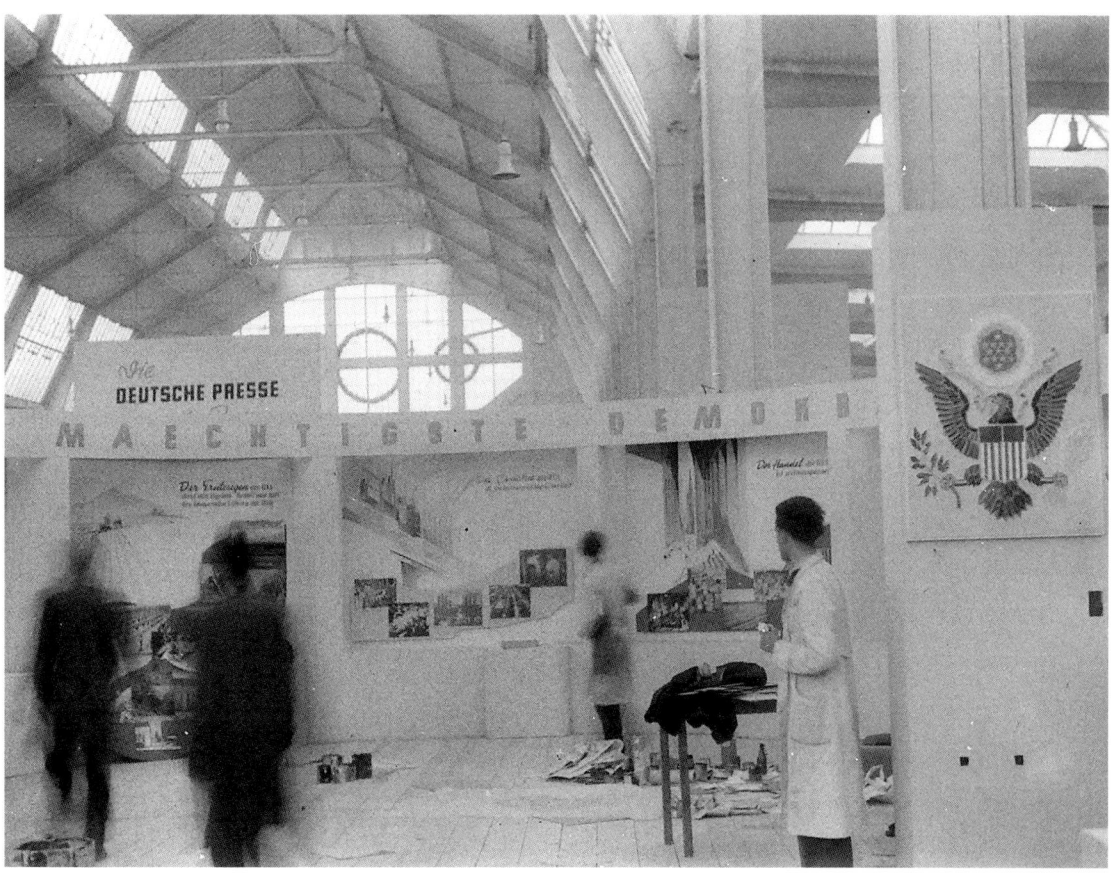

Oben und unten: ‚Deutsche Presseausstellung 1948' auf dem Ausstellungsgelände, München, Mai 1948

Die Abteilung Theater der US-Militärregierung in Bayern, links Captain van Loon, der Leiter der Theaterkontrollbehörde, München, 1946

Lizenzerteilung für einen Theaterclub, 31. Jaunar 1947

Handpuppenspielbühne Nürnberg, April 1949

Marionettentheater an der Blumenstraße, München 1946

Schauspielschüler beim Wiederaufbau ihrer Schule in der Hildegardstraße, München, Januar 1948

Blick in den Zuschauerraum des Behelfsheims in der Schornstraße, in dem die Aufführungen der Staatsoperette stattfanden, Januar 1946

Theater am Gärtnerplatz, München, 1946

Erste Probe im wiederhergestellten Theater am Gärtnerplatz, München, April 1948

Aufführung der Schaubude, München, 19. April 1947

Aufführung des ‚Brandner Kasper' im Bürgertheater, München, 7. Juni 1947

Willy Rösner als Sultan Saladin und Eva Maria Duhan als Sittah in Lessings ‚Nathan der Weise', der ersten Inszenierung des Bayerischen Staatsschauspiels im eigenen Haus, dem Brunnenhoftheater, München, 18. Mai 1946

Bizets ‚Carmen' im Prinzregententheater, München, 1. Januar 1947

Ballettprobe im Prinzregententheater, München, Juni 1946

Dirigent Wilhelm Furtwängler mit den Berliner Philharmonikern im Kongreßsaal des Deutschen Museums, München, 12. Juni 1947

Konzert bei der Eröffnung des großen Sendesaals von Radio München im Funkhaus, 21. Mai 1948

Gouverneur van Wagoner übergibt Noten als Spende des Detroiter Symphonieorchesters an die Münchner Philharmoniker, 2. November 1948

Trauerfeier für Richard Strauß auf dem Ostfriedhof, München, September 1949

*Kapelle Ernst Jäger spielt die Schlagerparade von Radio München ‚Die 10 deutschen Schlager der Woche',
Februar 1947*

Filmpremiere im Luitpold-Theater: ‚Musik Musik' mit Fred Astaire und Bing Crosby, München, Juli 1947

Musik 217

‚Battle of Swing', Wettstreit amerikanischer Militärkapellen im Kongreßsaal des Deutschen Museums, München, Oktober 1947

Kapellenwettstreit in der Jubilee Hall, München, 28. Mai 1947

Varieté Colibri, München, 1945

Kabarett ‚Palette' im Occamhof, München, 1946

Hochseilakt über dem Alten Botanischen Garten, München, Mai 1948

Kabarett ‚Die Hinterbliebenen' in der Kleinen Komödie am Maxmonument, München, 15. März 1946

Wettbewerb ‚Wer gleicht Marlene Dietrich?', München, 30. September 1948

Die Geschwister Höpfner mit Hunden vor dem Haus der Kunst, München, Oktober 1948

Schaukasten am Eingang des ‚Platzl', München, April 1947

Unterhaltungsreklame im Hauptbahnhof, München, Mai 1947

Karl Valentin in seinem Garten in München-Solln, August 1947

Volksschauspiel · Zirkus · Kino **223**

Kartenvorverkauf für den Zirkus Carl Krone, München, 1946

Das Filmtheater am Sendlinger Tor in München – als ‚Central-Theater' bis zum 19. Dezember 1946 nur für Angehörige der Besatzungstruppen

Das Filmtheater am Sendlinger Tor in München, Februar 1947

Besuch der Filmdiva Maria Andergast in München, Juni 1946

Gouverneur van Wagoner bei der Aufführung des Walt-Disney-Zeichentrickfilms ‚Snow-White' im Deutschen Museum, 28. Dezember 1948

Hans Moser und Magda Schneider bei der Eröffnung des Hotel Königshof am Stachus, Juni 1950

Heinz Rühmann bei Dreharbeiten in Geiselgasteig, München, Mai 1948

Scheinwerfer- und Stativdepot der Filmstudios in Geiselgasteig, 1946

Viktor de Kowa und Willy Birgel bei den Dreharbeiten zum ersten in Bayern gedrehten Nachkriegsfilm ‚Zwischen gestern und morgen' in Geiselgasteig, April 1947

Dreharbeiten zum Film ‚Legion der Verdammten' in Geiselgasteig, September 1950

Besuchergruppe des ‚Münchner Merkur' in den Studios in Geiselgasteig, Juni 1949

Kulissen zu einer Produktion der Comedia-Film in Geiselgasteig, August 1949

Film · Rundfunk 229

Tonregie im Münchner Funkhaus, 1945

Wiederaufbau des Funkhauses, München, 1946

Der Stand von Radio München auf der ‚Deutschen Presseausstellung 1948' im Ausstellungspark, München, Mai 1948

Colonel McMahon, Nachrichtenkontrolloffizier der Militärregierung, und Oberbürgermeister Scharnagel beim Richtfest von Radio München, 6. Juli 1946

Quirin Amper und Jimmy Jungermann in der Abteilung Tanzmusik des Bayerischen Rundfunks, Februar 1949

Sendung mit Studio-Publikum bei Radio München, Dezember 1945 / Januar 1946

Bayerische Trachtengruppe bei Aufnahmen für Radio München, 1946

234 Kultur

Schäfflertanz-Aufführung auf dem Königsplatz in München, 6. Juli 1946

Bayerische ‚Trachtler', 1948

Marktschreier auf dem Münchner Marienplatz, Februar 1949

Bayerisches Brauchtum 235

Volkssängertreffen in Oberaudorf, 13. September 1948

Trachtenzug auf der Theresienwiese am Hauptsonntag des Herbstfestes, München, 1948

Bayerisches Brauchtum 237

Münchner Herbstfest auf der Theresienwiese als Ersatz für ein großes Oktoberfest, September 1946

Christkindlmarkt in München, Dezember 1946

Ergebnis der Schauspielerwahl zu den Passionsspielen 1950 in Oberammergau vor dem Rathaus, November 1949

Autoweihe am Christopherustag vor St. Maximilian durch Domkapitular Thalhammer, München, 24. Juli 1949

Religiöses Brauchtum 239

Leonhardi-Tag in Bad Tölz, 6. November 1946

St. Johann Baptist in München-Haidhausen bekommt ein neues Geläute, Juli 1948

Messe im Bürgersaal, zelebriert von Kardinal Michael Faulhaber, München, 14. Juli 1946

Fronleichnamsprozession in der Neuhauser Straße mit Kardinal Faulhaber, München, 20. Juni 1946

Reliquienprozession anläßlich der 1200-Jahrfeier der Gründung von Kloster und Ort Tegernsee, 22. September 1946

Messe vor der Abfahrt von 1200 Pilgern nach Lourdes, München, Juli 1949

Abflug von Benediktiner-Missionsschwestern aus Tutzing nach Recife, Brasilien, Flugplatz München-Riem, Oktober 1948

Abfahrt von bayerischen Pilgern nach Rom, Hauptbahnhof München, Dezember 1949

Kongreß der Zeugen Jehovas im Prinzregentenstadion, München, 14. August 1949

Wirtschaft

Nach dem Bergrutsch

Mit der vorliegenden Ausgabe der ‚Süddeutschen Zeitung' kommt auch zum erstenmal seit siebzehn Wochen ein Wirtschaftsblatt in die Hände der Münchner und bayerischen Leser. Eine so lange Pause wäre vordem undenkbar gewesen; Wirtschaftszeitungen begleiten die Leser nicht nur durch die guten Zeiten, sondern auch durch den ersten Weltkrieg, die Inflation und Deflation, die große Wirtschaftskrise und die totale Kriegswirtschaft. Die Tatsache, daß wir vier Monate ohne Wirtschaftszeitung leben mußten, spiegelt den ungeheuren Bergrutsch wider, der unsere Wirtschaft bis in ihre Grundfesten erschüttert hat und als dessen Zeugen wir die Kapitulation Deutschlands und den Zusammenbruch des Nationalsozialismus erlebt haben.

Als Ende April dieses Jahres in München die letzte Tageszeitung erschien, da gab es noch eine einheitliche, zentral gelenkte deutsche Wirtschaft. Sie war freilich ausschließlich Kriegswirtschaft, bis in die letzten Verästelungen ausgerichtet auf die militärischen Bedürfnisse und dem eigentlichen Zweck, der Versorgung der Zivilbevölkerung, fast ganz entzogen. Die anscheinend noch voll arbeitende Wirtschaft war zudem in Wirklichkeit bereits schwer erkrankt, blutend aus den tausendfachen Wunden des Luftkrieges, ausgepumpt durch den jahrelangen Raubbau an der menschlichen Arbeitskraft und an allem Material. So endete der Fieberzustand der Kriegswirtschaft bei der deutschen Kapitulation Anfang Mai nahezu mit einer Lähmung unseres Wirtschaftskörpers.

Und wie kranke Körper Ungeziefer anziehen, so fehlte es nun nicht an Parasiten, die an den letzten Kräften des Patienten Wirtschaft zehrten und die ihn vieler einer Wiedergesundung dienlicher Hilfsquellen beraubten. Während Millionen Deutsche fassungslos auf die riesige Trümmerstätte blickten, als die der Nationalsozialismus unser Land hinterlassen hat, benützten dunkle in- und ausländische Elemente das vorübergehende Erlahmen der öffentlichen Gewalt zu schweren Plünderungen. In wilder Gier stürzten sich Männer, Frauen und Kinder auf Vorräte aller Art, wateten in Mehl und Zucker, in Fett und Marmelade, erschlugen oder verletzten auf der Straße wartende Spießgesellen mit aus den Lägern herabgeworfenen Käselaiben, Kaffeesäcken und Stoffballen. Da konnte man Menschen – geschäftig, als ob es um ihr Leben gehe – heim eilen sehen mit Dutzenden von Schuhen, von denen schließlich kaum ein Paar zusammenpaßte, weil in der Eile nur rechte oder nur linke Schuhe erwischt worden waren. Aus den Kasernen wurden Betten und Spinde ebenso wie Ofenrohre und Putzeimer davongetragen, von stehengebliebenen Heereskraftwagen verschwanden Reifen und Räder, Polster und Vergaser – kurz alles, was nicht niet- und nagelfest war. Als schließlich die Militärregierung zusammen mit den neu ernannten deutschen Behörden die Ordnung wiederherzustellen begann, war die deutsche Wirtschaftsbilanz noch um vieles ungünstiger als beim Waffenstillstand. Die Wirtschaftseinheit war durch die Aufteilung in zunächst von einander abgeschlossene Besatzungszonen zerrissen, aller Geschäftsverkehr durch Bahn- und Poststockung stillgelegt.

Schwerste Sorge bereitete vor allem die Ernährungslage. Die meisten Vorräte waren vertan, aus den restlichen mußten Ausländer und ehemalige KZ-Häftlinge versorgt werden. Bayern hatte außerdem die heimkehrende deutsche Südarmee mit zu ernähren, was bei Brot besonders einschneidende – inzwischen erfreulicherweise z. T. wieder aufgehobene – Rationskürzungen notwendig machte. Um jeden Preis galt es, den Anschluß an die neue Ernte zu finden. Im Gegensatz zu jenen deutschen Gebieten, über die der Krieg in voller Wucht weggegangen ist, war in unserer engeren Heimat fast aller Boden ordnungsgemäß bestellt worden. So reifte trotz des Mangels an Arbeitskräften, an Kunstdünger und Transportmitteln, vom Wetter begünstigt, eine gute Ernte heran. Die Militärregierung unterstützte eine rechtzeitige Ernteborgung, indem sie die meisten kriegsgefangenen Landwirtschaftsarbeiter entließ, um die heimkehrenden Fremdarbeiter zu ersetzen. Der bayerischen Landwirtschaft wurden ferner u.a. 12 000 erbeutete Wehrmachtspferde zugeteilt. Endlich wurden Transportmittel zur Verfügung gestellt, um bei der angespannten Lebensmittellage die Verteilung z. B. von Frühkartoffeln zu erleichtern. Das von der Besatzungsmacht gesteckte Ziel, der Bevölkerung die Möglichkeit zu geben, „aus eigenem die Lebensmittelnot zu überwinden", dürfte so in Bayern im ganzen erreicht sein. Schwierig bleibt die Fettversorgung, die gegenwärtig fast ausschließlich auf Butter und Schmalz basiert und die erfordert, daß die Bauern ihre Milchablieferungspflicht weiter gewissenhaft erfüllen.

Der Schlüssel für die beschleunigte Wiederingangsetzung des Wirtschaftslebens ist die Kohle. Dieser hochwertige Brennstoff wurde früher zu 85% von Ruhr und Saar, aus Mitteldeutschland und Oberschlesien bis zu 800 km weit nach Bayern gebracht. Gegenwärtig versagen diese Quellen großenteils, weil u. a. im Westen viele Zechen durch Kriegseinwirkungen zerstört worden sind und weil das russisch besetzte Gebiet bisher nichts liefert. Bayerns eigene Kohlenbergwerke (Penzberg, Peißenberg, Hausham usw.), die im Frieden 15% des Bedarfs deckten, förderten zunächst nur etwa die Hälfte so viel wie früher. Inzwischen ist allerdings die Leistung nach der Bereitstellung einer ausreichenden Verpflegung für die Bergarbeiter erheblich gestiegen. Irrig bleibt die Annahme, daß nach Schließung der Rüstungsbetriebe genügend Kohle verfügbar sei. Namentlich der Hausbrand wird sich in diesem Winter in erster Linie auf selbst bereitgestelltes Holz verwiesen sehen.

Die Kohlenknappheit erschwert auch die vordringliche Wohnraumbeschaffung. Durch den Luftkrieg ist beispielsweise in München jede dritte Wohnung zerstört oder so schwer beschädigt worden, daß sie unbewohnbar ist. Leichter beschädigte Gebäude wären mit verhältnismäßig geringen Mitteln instand zu setzen, aber, hauptsächlich wegen des Brennstoffmangels, gibt es kaum Zement, Kalk oder Dachziegel. Arbeitskräfte fehlen gleichfalls, weil die meisten Facharbeiter noch nicht aus dem Krieg zurückkehren und viele Hilfskräfte infolge der Entbehrungen der letzten Jahre nur beschränkt einsatzfähig sind. Andererseits müssen öffentliche und private Wirtschaft den vielfach übersetzten Verwaltungsapparat verkleinern, bzw. sie können die im Zuge der politischen Säuberungsaktion frei werdenden Stellen nicht neu besetzen. Dadurch wird eine große Zahl Angestellter entbehrlich. Aufgeschlossenheit für die Notwendigkeit der Umstellung – Land- und Hauswirtschaft haben ständigen Kräftebedarf – wird die Lösung dieser nicht einfachen Frage erleichtern.

Das Bild, das die deutsche Wirtschaft wenige Monate nach dem durch den Nationalsozialismus verschuldeten größten aller wirtschaftlichen Zusammenbrüche der Weltgeschichte bietet, kann nur trüb sein. Aber wie die seit dem Aufhören des Bombenkrieges mögliche Aufhebung der Verdunkelung Lichtblicke bei nächtlicher Wanderung läßt, so lockert sich am Wirtschaftshorizont allmählich manche dunkle Wolkenwand auf. In unserer engeren Heimat Bayern – die gesamtdeutsche Lage ist bei den augenblicklichen beschränkten Nachrichtenmöglichkeiten schwer zu übersehen – darf die Ernährung als gesichert gelten. Versuche arbeitsscheuer Elemente, aus der Warenknappheit durch (die Preisvorschriften durchlöchernde) ‚Schwarzmarkt-Geschäfte' leichten Gewinn zu ziehen, sind von den Behörden im Zusammenwirken mit der auch sonst alle Ordnungs- und Aufbaumaßnahmen unterstützenden Militärregierung erfolgreich bekämpft worden. Die Wiedereröffnung der Börse in München und die – allerdings mit der ‚Notabgabe' steuerliche Opfer verlangende – Inangriffnahme der Abgleichung des bayerischen Staatshaushalts ist als Zeichen beginnender Gesundung zu werten. Mit der laufenden Ausweitung des Verkehrs und der Post haben immer mehr Geschäftsunternehmen neue Arbeitsmöglichkeiten.

Die Festlegung der Potsdamer Dreimächtekonferenz, daß Deutschland als ein wirtschaftliches Ganzes verwaltet werden soll, erleichtert die Zukunftsplanung. Damit wird sich auch der bisher praktisch auf den Westen und Süden beschränkte ‚Zwischenzonenhandel' allgemein einspielen, d. h. es dürfte der durch die Aufteilung Deutschlands in Besatzungszonen unterbrochene innerdeutsche Güteraustausch zwischen den landwirtschaftlichen und den industriellen Überschußgebieten wieder voll in Gang kommen. Für einen Warenaustausch mit den Nachbarländern sind bereits Ansätze erkennbar.

Nach einem Bergrutsch ist oft eine vorher blühende, farbige Landschaft in eine hoffnungslos erscheinende graue Steinwüste verwandelt. Emsige Naturkräfte aber lassen alsbald hier und dort Halme und selbst kleine Blumen sprießen, und langsam begrünen sich wieder viele Schutthalden. Diese tröstliche Naturerscheinung läßt uns hoffen, daß auch unsere nach der Zusammenbruchs-Katastrophe verödete Wirtschaft neue Entfaltungsmöglichkeiten findet. Vorbedingungen dafür sind gegeben, vieles bleibt zu tun. Es bedarf des guten Willens und der harten Arbeit jedes einzelnen von uns, um dem deutschen Volk nach Gutmachung der Kriegsschäden wieder einen angemessenen Lebensstandard zu sichern. Für dieses Ziel aber, so scheint uns, lohnt es sich zu kämpfen.

(Dr. E. Staegmeyr in: Wirtschaftsblatt der Süddeutschen Zeitung, Jg. 1, Nr. 1, Probenummer, 24. August 1945)

Der eigene Magen

[...] Die Militärregierung hat die notwendigen gesetzlichen Handhaben in ihrer Verordnung Nummer 1 geschaffen, nach der alle auf dem Schwarzen Markt durchgeführten Geschäfte mit strengen Strafen geahndet werden. Unter den Begriff des Schwarzhandels fallen dabei alle Geschäfte in alliiertem Heeresgut – das bedeutet auch Zigaretten, Kaffee, Zucker usw. – sowie in deutschen Waren, die marken- oder bezugscheinpflichtig sind.

[...] Aber es ist bei weitem vorzuziehen, wenn die deutsche Bevölkerung in ihrem Interesse ihre eigenen Behörden und die Militärregierung bei dieser Aufgabe unterstützt. Der gesunde Menschenverstand muß ja jedem sagen, daß alliiertes Heeresgut nur auf illegale Weise in die Hände eines Deutschen geraten sein kann, und daß jeder, der Diebesgut kauft oder verkauft, sich an dem Delikt selbst mitschuldig macht und dementsprechend bestraft werden kann. Triftiger aber noch sollten die Bedenken sein, die sich jedem aufdrängen, der den Schleichhandel mit in Deutschland erzeugten Gütern betrachtet.

Bei der Knappheit an allen Dingen des täglichen Bedarfs – einer Knappheit, die durch den von Hitler hervorgerufenen Krieg erzeugt wurde – ist es notwendig, daß die vorhandenen Güter gleichmäßig und gerecht verteilt werden, wenn diejenigen, die wirtschaftlich schwächer sind oder über keine ‚Beziehungen' verfügen, nicht zu kurz kommen sollen. Ebenso ist es klar, daß die Bezahlung unverhältnismäßig hoher Preise für knappe Waren die Gefahr einer Entwertung des Geldes mit sich bringt, die, wenn ihr nicht gesteuert wird, jeden in Mitleidschaft ziehen müßte. Die Versuchung des Schwarzhandels ist groß. Jeder hat diesen Konflikt zwischen seinem Bauch und seinem Gewissen selbst auszufechten. Aber vielleicht kann die Militärregierung in diesen inneren Konflikt helfend eingreifen.

Die Militärregierung hat Vertrauen in die deutschen Behörden und in die deutsche Bevölkerung gesetzt und erwartet, daß diese selbst mit dem Schwarzhandel aufräumen. Die Militärregierung ist jedoch nicht gewillt, dem Schwarzhandel, einem der bezeichnendsten Überbleibsel nationalsozialistischer Unmoral, noch lange zuzusehen. Im Frankfurter Sender hat ein Sprecher der Militärregierung kürzlich erklärt: „Wenn nötig, werden alle Vergehen gegen die Preiskontroll- und Rationierungsbestimmungen vor Gerichten der Militärregierung zur Aburteilung gelangen. Falls es erforderlich sein sollte, werden Militärpolizei oder sogar Spezialtruppen von der Militärregierung den deutschen Behörden zur Verfügung gestellt werden. Diese Truppen würden gemeinsam mit der Polizei Streifen, Hausdurchsuchungen und alle anderen Aktionen durchführen, die zur Feststellung von Schuldigen erforderlich sind."

Es steht zu hoffen, daß diese Maßnahmen nicht notwendig sein werden, und daß diese mahnenden Worte jedem Deutschen helfen, in seinem Konflikt zwischen Egoismus und besserem Wissen und Gewissen die richtige Entscheidung zu treffen.

(Die Neue Zeitung, 1. Jg., Nr. 1, 18. Oktober 1945)

Abbildung Seite 246:
Geschäftsjubiläum der Marktfrau Magdalene Schwenk,
München, 1946

Bauern auf dem Weg zum Markt, September 1946

Stand mit Obst, Gemüse und Kartoffeln, München, Februar 1949

Eröffnung der Carlton Teestube, München, 1946

Plakatanschläge am Regina Palast Restaurant, Max-Joseph-Straße, München, Oktober 1946

Verkaufswagen der Ostbahnhof-Gaststätte auf dem Bahnsteig, München, Oktober 1946

Menschenschlange vor einem Eiscafé in der Münchner Innenstadt, Juli 1946

Verkaufsstand an einem Schuttberg, München, Juli 1948

Einzelhandel und Gewerbe **253**

Herbstdult auf dem Viktualienmarkt, München, Oktober 1946

Verkauf von „Original Münchner Spielzeugdackeln", 1946

Photoautomat am Neuen Rathaus, München, Februar 1949

Prostituierte in der Münchner Innenstadt, Januar 1949

Schwarzmarkt-Razzia durch amerikanische und deutsche Polizei, München, August 1946

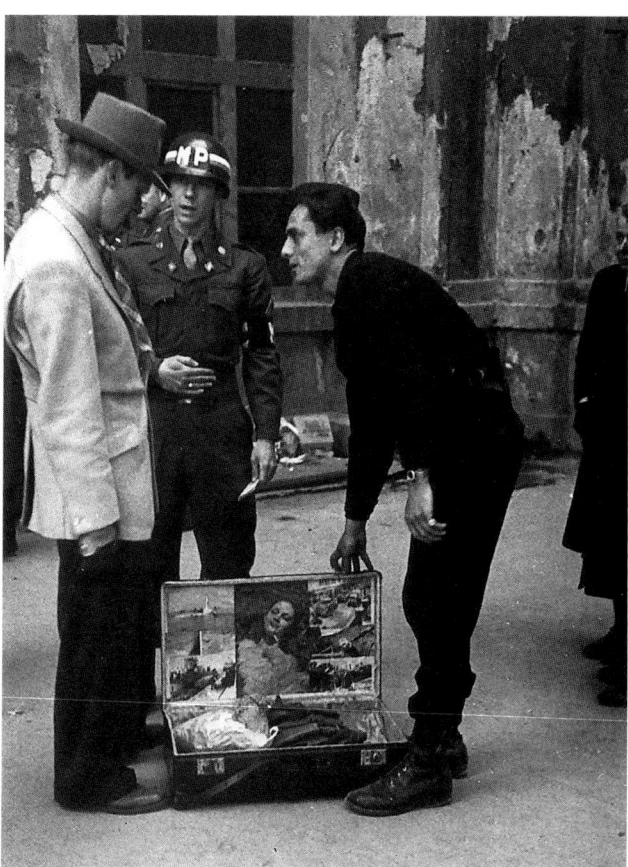

Razzia gegen den Schwarzmarkt am Münchner Hauptbahnhof, Mai 1947

Schwarzmarktwaren, 1946

Münchner Schwarzhändler am Isarufer, 1946

Schwarzmarkt am Isarufer, München, 1946

Schwarzhändler neben Warnung „Der Schwarzmarkt ist der Tod der neuen Währung", München, Juli 1948

Menschenschlange vor dem wiedereröffneten städtischen Leihamt in der Augustenstraße, München, Oktober 1948

Versteigerung von Hausrat, München, Februar 1949

Wartende im Arbeitsamt München, Dezember 1949

Plakatanschläge an einem Geschäft für Arbeitsbekleidung, Oktober 1946

Arbeitslosigkeit 261

Arbeitslose im Arbeitsamt München, März 1949

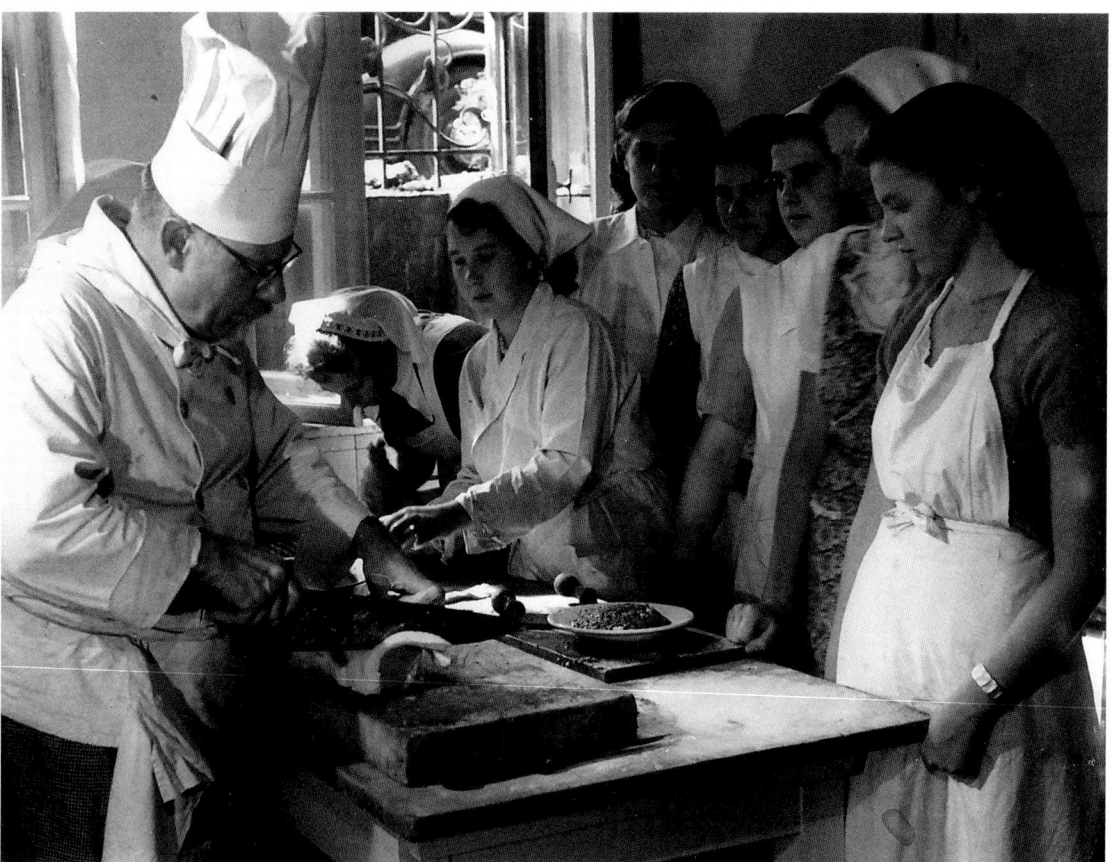
Unterricht in der Hotelfachschule in München-Pasing, September 1949

Wäscherei ‚Münchener Hausfrauenhilfe', München, Januar 1948

Hinterglasmaler in Murnau geht auf Verkaufstour, Mai 1949

Schulbetrieb in der Meisterschule für Mode, München, 1946

Mannequin-Schule in München, Oktober 1949

Mode 265

Schaufenster der Firma Merx GmbH in München-Pasing, August 1948

Wettbewerb auf der Friseurausstellung im Ausstellungspark, München, Juni 1949

Schaufenster bei Hertie, München, September 1949

Schuhabteilung im Kaufhaus Hertie, München, Oktober 1948

Strumpfabteilung in einem Kaufhaus in der Münchner Innenstadt, August 1949

Metzgerei, München, 1946

Verladung von Wurstwaren im Hof der Metzgerei Wiedemann, München, April 1949

Amerikanische Waren für deutsche Verbraucher in einem Münchner Lebensmittelgeschäft, Juli 1946

Eröffnung des Ausstellungspavillons für Mercedes-Automobile und BMW-Motorräder am Maximiliansplatz, München, 16. Dezember 1949

Irene Senf, jüngste Geschäftsinhaberin in München, mit ihrem Geschäftführer Gruber in ihrem Restaurant, Januar 1949

Herr Franzen von der Gaststätte Humpelmeier am Weinregal, München, Dezember 1948

Luxus 271

Auslage im Feinkostgeschäft Hahn, München, Februar 1949

272 Wirtschaft

Coca-Cola-Reklamekalender in einem Büro
der US-Militärregierung, München, März 1948

Strumpf-Reklame: Modell mit Hund vor dem Münchner Rathaus,
Februar 1947

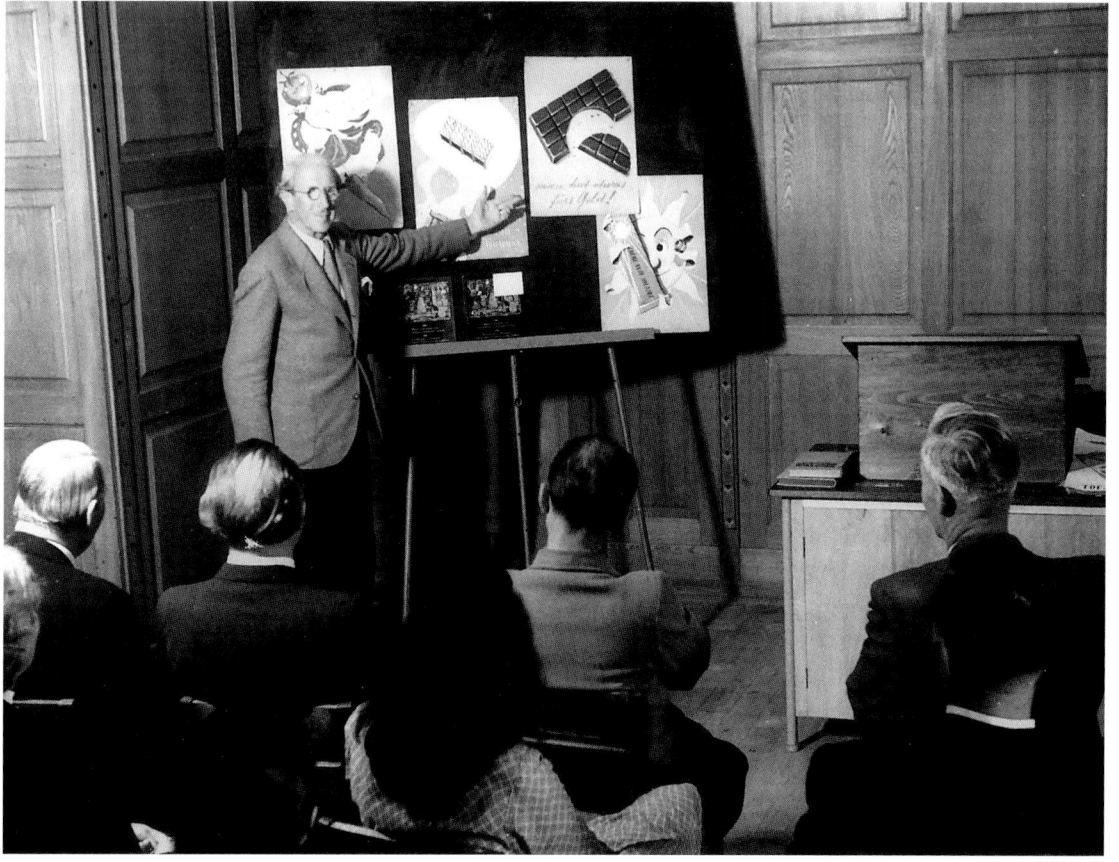

‚Werbewissenschaftliches Institut' in der Romanstraße 13, München, September 1949

Litfaßsäule in München, 1946

Arbeiterin in der Produktion der Firma IWIS-Ketten, München, Januar 1949

Wiederbeginn der Gummiwarenfabrikation bei der Firma Metzeler, München, Juni 1946

Das 1000. Motorrad aus der BMW-Nachkriegsproduktion, München, Mai 1949

Übersichtskarte zur Industrie in Bayern in der Exportschau im Haus der Kunst, Dezember 1947

Die ersten Lastkraftwagen aus deutscher Nachkriegsproduktion vor dem Bayerischen Nationalmuseum, München, 1946

Schlüter-Zugmaschine in der Export-Ausstellung im Haus der Kunst, München, Mai 1949

Fahrrad mit Hilfsmotor der Rex-Motorenwerke, München, Februar 1949

Radiogerätebau bei Telefunken in Dachau, April 1949

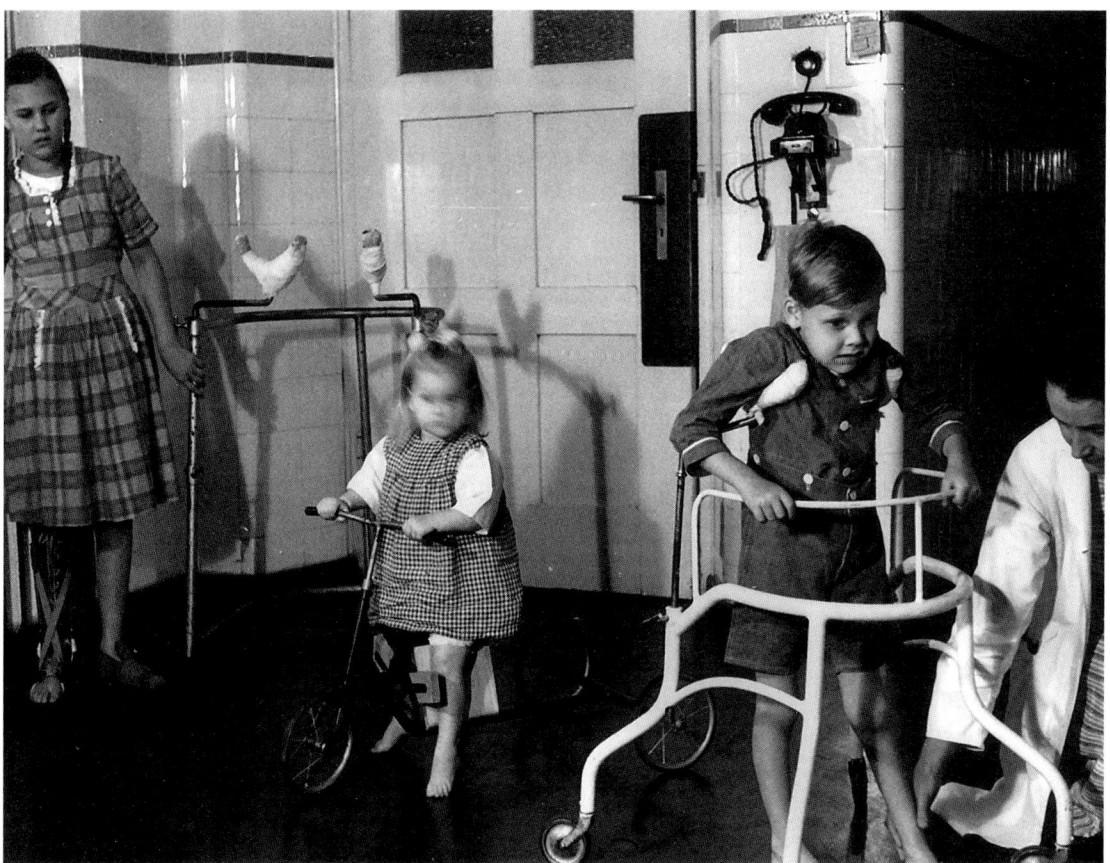
Hilfsapparate für Kinderlähmungs-Patienten in der Privatklinik Professor Dr. Hohmann, München, August 10949

Schweißerin in der Produktion der Firma Geluna, Gesellschaft für Lufttechnische Anlagen mbH, Wilramstraße, München, März 1949

Schuhfabrik Willi Strasser, Infanteriestraße, München, August 1946

Herstellung von Aktentaschen bei Lederwaren Auer GmbH, München, Februar 1949

Matratzen-Herstellung in den Schlaraffia-Werken, Hofmannstraße, München, April 1949

Firmengebäude der Gervais-AG, Rosenheim, September 1946

Handstickereien auf der Handwerksmesse, München, Juli 1949

Trachten-Modenschau der bayerischen Textilindustrie auf der Exportschau im Haus der Kunst, München, August 1946

Näherin in der Trachtenproduktion Heller & Ponwenger, Possenhofen am Starnberger See, September 1946

Modenschau der Firma Glaser in Hof, Juli 1946

Modeaufnahmen von Modellen der Meisterschule für Mode vor dem Haus der Kunst in München, Juli 1948

Herstellung von Hutschachteln bei ‚Wiener Lederwaren' in Grafing, Februar 1949

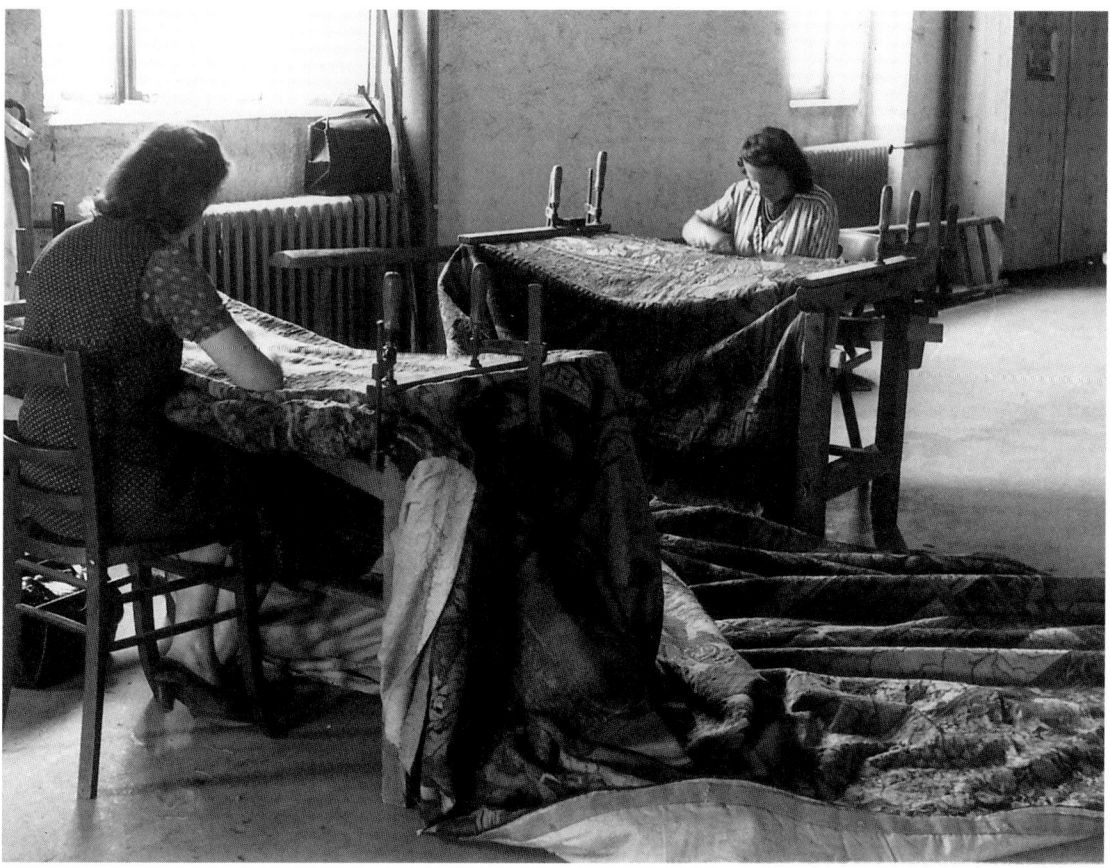
Traditionelle Handwerksarbeit in der Gobelin-Manufaktur München, Juli 1949

Industrie und Handwerk 285

Schaufensterpuppen-Herstellung der Firma Obermeier, München, Dezember 1948

Heimarbeit von Flüchtlingen für die ‚Bayerwald'-Kunstgewerbe-Industrie in Perlesreuth, Bayerischer Wald, Oktober 1946

Baustoff-Großhandel schlesischer Heimatvertriebener, München, September 1949

Herstellung von Karlsbader Oblaten in der Oblatenfabrik Ott, Wolfratshauser Sraße, München, April 1949

Fertighausbau, 1946

Stand des bayerischen Sparkassen- und Giroverbandes auf der Handwerksmesse, München, Juli 1949

Stadtbaurat Hermann Leitenstorfer in der Ausstellung der Wettbewerbsbeiträge zur Neugestaltung des Marienplatzes im Deutschen Museum, München, Juli 1949

‚Isartaler Holzhaus' auf der Exportschau, aufgebaut hinter dem Haus der Kunst im Englischen Garten, München, August 1946

Besuch einer Regierungskommission in der Kohlengrube Peißenberg, August 1946

Erster Spatenstich zur Erweiterung der Anlage zur Kohleförderung in Peißenberg durch Ludwig Erhard, 1946

Braunkohletagebau in Buching bei Füssen, September 1946

Übergabe von 75 Güterwaggons aus Mitteln des amerikanischen Hilfsprogramms ERP (European Recovery Programm) in Furth im Wald, 3. November 1948

Demonstration der Einzel- und Straßenhändler gegen überhöhte Preise des Großhandels vor der Münchner Großmarkthalle, 12. August 1948

Protestkundgebung der Bevölkerung gegen das ‚Rissbach-Projekt', Bad Tölz, 11. April 1947

Hungerdemonstration der Münchner Studenten in der Innenstadt, 17. Juni 1948

Oberbürgermeister Karl Scharnagl und Oberst James K. Kelly mit neuem Geld, München, 23. Dezember 1947

Wiedereröffnung der Münchner Börse, die am 18. Juni wegen der Währungsreform geschlossen worden war, 23. Juli 1948

Geld 295

Eröffnung eines Spielkasinos in den Räumen der Deutschen Theater-Betriebe, München, 6. Januar 1949

General Walter J. Muller und der bayerische Wirtschaftsminister Ludwig Erhard in der Export-Leistungsschau des Bayerischen Kunsthandwerks im Haus der Kunst, Mai 1946

Besuch von Generälen aller vier Besatzungszonen auf der ‚Exportschau der bayerischen Wirtschaft' im Haus der Kunst, München, August 1946

Mädchen vor einem Stand mit Puppen auf der Exportschau im Haus der Kunst, München, August 1946

Die 250 000. Besucherin der Exportschau im Haus der Kunst erhält ein Paar Ski, 9. Oktober 1946

Produkte der Firma Wächter in der Exportsonderschau für Porzellan im Wirtschaftsministerium, München, Juni 1946

Holzkisten beim Bayerischen Werkbund für den Versand der Münchner Export-Ausstellung nach New York, München, Februar 1949

Ansprache Prof. Ludwig Erhards im Plenarsaal des Landtages anläßlich der Eröffnung der Handwerksmesse in München, 15. Juli 1949

Eröffnung der Ausstellung ‚Durch Import zum Export' im Haus der Kunst, München, 6. September 1948

Eröffnung der ‚Münchener Elektro Messe', 14. September 1949

Verladen von Bier für den Export in die USA bei Paulaner, München, Mai 1948

Paulaner-Stand für die Export-Ausstellung in New York, Februar 1949

Landwirtschaftsminister Schlögl, Gouverneur van Wagoner und Ministerpräsident Ehard bei der Eröffnung des Zentral-Landwirtschaftsfestes, München, 17. September 1949

E.R.P.-Ausstellung in Bamberg, Mai 1950

Trambahnschaffnerin, München, 1946

‚Trittbrettfahrer' in München, 1946

Fahrkartenschalter im Münchner Hauptbahnhof, Februar 1948

Verkehr 305

Verkehrsregelung am Stachus, München, August 1949

Autounfall am Marienplatz, München, April 1949

Verkehrskontrolle in der Münchner Innenstadt, November 1946

PKW mit Holzvergaser, August 1946

Leuna-Tankstelle, München, September 1946

Hans Stuck, ehemaliger Rennfahrer, in seiner Autowerkstatt, München, Dezember 1946

Oben und unten: Flughafen Riem, Februar 1948

Schiffsweihe der ‚Bayern' auf dem Starnberger See durch Weihbischof Johannes Neuhäusler, 4. Dezember 1948

Flugzeug der ‚Transocean Air Line' auf dem Flugplatz Riem, Mai 1948

Schaufenster des ‚Verkehrsverein - Amtliches Reisebüro' am Stachus mit Werbung für Flugreisen in die USA, München, April 1948